MAMAN
ET
PETITE JEANNE

PREMIER LIVRE DE MORALE
A L'USAGE DES ÉCOLES PRIMAIRES DE FILLES

PAR

Mme MURIQUE
Directrice de l'École normale de Versailles.

NOUVELLE ÉDITION

PARIS
LIBRAIRIE HACHETTE ET Cie
79, BOULEVARD SAINT-GERMAIN, 79

MAMAN
ET PETITE JEANNE

PREMIER LIVRE DE MORALE

A L'USAGE DES ÉCOLES PRIMAIRES DE FILLES

Cours élémentaire

MAMAN

ET

PETITE JEANNE

PREMIER LIVRE DE MORALE

A L'USAGE DES ÉCOLES PRIMAIRES DE FILLES

PAR

Mme MURIQUE

Directrice de l'École normale de Versailles

COURS ÉLÉMENTAIRE

QUATRIÈME ÉDITION REVUE

PARIS

LIBRAIRIE HACHETTE ET Cie

79, BOULEVARD SAINT-GERMAIN, 79

1905

MAMAN ET PETITE JEANNE

PREMIÈRE PARTIE

LA FAMILLE

CHAPITRE I

Où l'on fait connaissance avec maman et avec petite Jeanne.

Il y avait une fois une maman et une petite fille. La maman s'appelait Mme Roger; la petite fille s'appelait Jeanne. Mme Roger était une bonne, une excellente mère qui se donnait beaucoup de peine pour bien élever son enfant, et qui s'efforçait surtout de la rendre bonne, sachant que c'était là le meilleur moyen de la rendre heureuse. Quant à Jeanne, c'était une brunette de six ans, aux cheveux bouclés, aux yeux noirs, très vive, très gaie, jamais boudeuse ni maussade; elle chantait du matin au soir, et toute la maison retentissait de ses joyeux éclats de rire.

Jeanne habitait avec sa maman et son papa un petit logement bien modeste au plus haut étage de la maison. Tous les matins, le papa s'en allait à son travail, pendant que la maman, aidée de sa petite Jeanne, s'occupait du ménage. Elle commençait par ouvrir les fenêtres bien grandes pour laisser entrer le bon air pur et le beau soleil; puis elle balayait avec soin, elle époussetait les meubles; petite Jeanne l'aidait de son mieux; elle prenait un linge et essuyait les chaises, les pieds de la table, frottant de toutes ses forces pour qu'il ne restât pas un grain de poussière. Aussi, bien que le logement ne fût ni grand ni beau, les meubles étaient si nets et si brillants, les chaises de paille si bien alignées à leur place, les carreaux de la fenêtre si bien lavés et les rideaux si blancs qu'on entrait toujours avec plaisir chez Mme Roger.

Le ménage fait, maman et petite Jeanne allaient toutes deux au marché acheter les provisions de la journée, et elles rentraient bien vite afin de préparer le déjeuner, car, à midi, le papa revenait à la maison, fatigué de son travail, et il ne fallait pas le faire attendre; aussi n'attendait-il jamais : à midi juste, le couvert était mis et le déjeuner sur la table. Le papa retournait ensuite à son ouvrage, pendant que Mme Roger, après avoir lavé la vaisselle et remis tout en place, s'installait auprès de la fenêtre et cousait activement jusqu'au soir.

Parfois, l'été, quand il faisait beau, la maman et la petite fille faisaient une jolie promenade. Elles sortaient de la ville et s'en allaient gaiement, tantôt dans les petits sentiers qui grimpent à travers les vignes au sommet de la côte, tantôt au bord de la jolie rivière qui coule à l'ombre des saules et des peupliers. Mme Roger emportait alors son ouvrage et s'asseyait pour coudre dans un endroit bien ombragé, pendant que Jeanne jouait autour d'elle; mais, quand la fillette était lasse de courir, de jouer, de cueillir des fleurs, elle venait s'asseoir auprès de sa maman, et lui faisait mille questions auxquelles la bonne mère répondait avec patience, s'efforçant d'instruire sa petite fille tout en l'amusant.

Parfois encore, elles allaient voir la tante Marie, qui habitait avec ses deux gentils enfants, Berthe et Marcel, une maisonnette entourée d'un petit jardin, à l'extrémité de la ville, presque à la campagne.

Mais on avait toujours soin de rentrer bien exactement, pour que, le soir, M. Roger trouvât, comme à midi, la maison bien rangée, le couvert mis, la soupe fumante sur la table.

Le plus grand plaisir de Jeanne était de guetter derrière les rideaux l'arrivée de son cher papa; alors elle courait au-devant de lui, l'embrassait de tout son cœur; elle lui apportait ses pantoufles, lui avançait une chaise; et la petite famille, heureuse d'être enfin réunie, dînait gaiement et passait une joyeuse veillée.

CHAPITRE II

Le petit frère.

Au moment où commence cette histoire, Jeanne était à Paris depuis un mois; c'est

qu'elle avait là des parents dont je ne vous ai pas encore parlé : son grand-père, sa grand'-

mère, sa tante Lili et son oncle Georges. La tante Lili et l'oncle Georges n'avaient pas de petits enfants; ils aimaient Jeanne tout autant que si elle eût été leur fille; aussi avaient-ils prié Mme Roger de la leur confier pour quelque temps.

Je n'ai pas besoin de vous dire que Jeanne s'amusait beaucoup à Paris; je crois même qu'elle y oubliait un peu son papa et sa maman : il y a tant de belles choses à voir à Paris,... et puis la tante Lili savait si bien gâter sa petite nièce.... Mais le papa et la maman, eux, commençaient à s'ennuyer; leur fillette leur manquait; aussi écrivirent-ils à l'oncle Georges de la leur ramener.

Ce fut une grande joie pour petite Jeanne lorsque, en descendant du train, elle aperçut son papa qui était venu attendre les deux voyageurs à la gare. Comme elle l'embrassait, ce cher petit père, et lui, comme il était heureux de revoir sa Jeanne, de la serrer dans ses bras !

« Mais, où donc est maman? demanda la petite fille; elle n'est donc pas venue au-devant de nous?

— Maman est restée à la maison; tu sais

que je t'avais promis une surprise pour ton retour ; elle s'en occupe. »

Vous pensez bien que Jeanne avait hâte d'arriver à la maison, d'abord pour embrasser sa chère maman... et puis un peu aussi pour la surprise. On revint donc bien vite.

En entrant dans la chambre, Jeanne aperçut auprès du lit de ses parents un petit berceau à rideaux bleus; sa mère était assise devant la cheminée; elle tenait dans ses bras un tout petit enfant qu'elle berçait pour l'endormir.

« Ma Jeanne, dit-elle, voilà ton petit frère.

— Oh! maman, quel bonheur! Laisse-moi le regarder! Qu'il est gentil! Les jolies petites mains! ses yeux sont fermés, il dort;... mais qu'il est donc petit! Je peux l'embrasser, n'est-ce pas?

— Oui, ma petite, mais bien doucement. »

Et Jeanne embrassa le bébé.

« Comme je vais m'amuser avec mon petit frère! Il jouera avec moi, dis, maman?

— Ce n'est pas possible maintenant, ma fille, il est trop petit; plus tard, quand il sera plus grand, quand il marchera.

— Est-ce qu'il marchera bientôt?

— Dans quinze ou seize mois, à peu près.

— Et c'est bien long, quinze ou seize mois?

— Tu es restée un mois à Paris ; eh bien, figure-toi quinze ou seize fois ce temps-là.

— Oh! que c'est long, maman! mais en attendant, il faudra le porter?

— Je le porterai aussi, ma fille.

— Ce sera bien fatigant.

— C'est vrai, mais une mère ne craint pas la fatigue, vois-tu, ma Jeanne : elle aime tant son enfant! D'ailleurs que deviendrait le pauvre petit sans elle? Vois comme il est faible, il peut à peine remuer; si elle l'abandonnait seulement pendant quelques heures, il mourrait de faim ou de froid. Il faut qu'elle le nourrisse de son lait, qu'elle l'enveloppe de langes bien chauds, qu'elle le lave plusieurs fois par jour et aussi plusieurs fois par nuit. »

Et en effet, tous les jours suivants, Jeanne vit sa maman soigner, emmailloter, laver le petit frère. Souvent elle était bien fatiguée,

la pauvre mère : le bébé avait crié une partie de la nuit et ne l'avait pas laissée dormir ; mais elle ne songeait même pas à s'en plaindre. Parfois encore elle était souffrante et aurait eu grand besoin de se reposer; mais petit Paul pleurait : aussitôt elle se levait et le promenait dans la chambre en chantant doucement pour l'apaiser et le distraire.

« Maman, dit un jour Jeanne, est-ce que je t'ai donné autant de peine que cela? Est-ce que je t'ai empêchée de dormir la nuit? Est-ce que tu m'as aussi portée et bercée quand tu étais bien lasse?

— Mais oui, ma fille, j'ai fait pour toi absolument ce que je fais pour ton frère; les mamans font quelquefois bien davantage encore : te rappelles-tu quand ta cousine Berthe a été malade, l'hiver dernier?

— Oui, maman; c'est ma pauvre tante qui avait du chagrin ! Quand nous allions la voir, elle m'embrassait en pleurant. Et comme elle était pâle, comme elle était fatiguée ! Tu m'as dit, je m'en souviens, qu'elle était restée bien des nuits sans se coucher; et quand tu lui disais : « Repose-toi donc un peu cette nuit, « je veillerai auprès de Berthe », elle répondait : « Non, non, je ne veux pas la quitter un in- « stant; d'ailleurs je ne pourrais pas dormir. »

A ce moment, le petit frère se réveilla; Mme Roger alla le prendre dans son berceau et revint s'asseoir auprès de Jeanne; mais Jeanne ne disait plus rien, elle réfléchissait....

« Oh! maman, s'écria-t-elle tout à coup, comme les petits enfants devraient aimer leur mère!

— C'est vrai, ma Jeanne, et cependant on en voit quelquefois qui se conduisent comme s'ils ne l'aimaient pas, et qui lui causent bien du chagrin.

— Je ne veux pas être comme ces enfants-là, dit résolument Jeanne; vois-tu, ma petite mère, je serai si sage et je t'aimerai si bien que tu seras la plus heureuse de toutes les mamans. »

RÉSUMÉ

C'est la mère qui prend soin des enfants.

Elle veille à ce qu'ils soient bien propres; elle raccommode leur linge et leurs vêtements.

Elle les soigne quand ils sont malades; elle les console quand ils ont du chagrin; elle les embrasse et les caresse quand ils ont été bien sages.

Quand ils sont tout petits, elle les nourrit de son lait, elle les porte dans ses bras; elle veille bien souvent la nuit auprès de leur berceau.

CHAPITRE III

Pauvres enfants!

Un après-midi qu'il faisait un temps superbe, Mme Roger dit à Jeanne : « Nous allons faire une grande promenade; cours vite laver tes mains et mettre ton chapeau, pendant que j'habille petit Paul.

— Oui, maman; j'y vais tout de suite; je serai bientôt prête, va. »

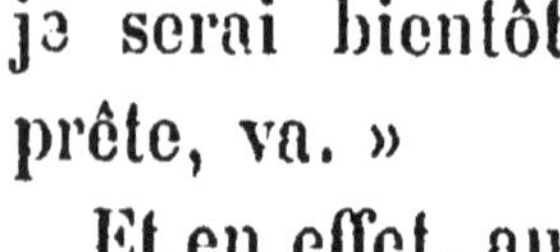

Et en effet, au bout de cinq minutes, Jeanne, qui sait déjà s'habiller et se laver toute seule comme une grande fille, revint toute prête à partir; ses mains étaient bien propres, et elle était coiffée de son chapeau de paille. Pendant ce temps, Mme Roger avait achevé d'habiller petit Paul; elle mit à son tour son chapeau, prit le bébé dans ses bras et descendit suivie de Jeanne, qui sautait autour d'elle toute joyeuse de sortir par ce beau temps.

La petite famille s'en allait donc gaiement lorsque au détour de la rue elle rencontra une dame toute vêtue de noir; cette dame était pâle et avait les yeux rouges comme quelqu'un qui a beaucoup pleuré; auprès d'elle

marchaient deux petits garçons; les enfants étaient en deuil comme leur mère; eux aussi avaient les yeux rouges et l'air triste.

Mme Roger, en passant près de cette dame, la salua silencieusement, et jetant, sur le petit groupe qui s'éloignait, un regard plein de commisération : « Pauvres enfants, dit-elle, et pauvre mère! »

La promenade continua, mais non plus gaie comme au départ; Mme Roger restant pensive.

« Maman, demanda tout à coup Jeanne, pourquoi Émile et Henri sont-ils habillés tout en noir? Et comme ils ont les yeux rouges! On dirait qu'ils ont pleuré; ils ont donc du chagrin?

— Oui, ma Jeanne, ils en ont beaucoup.

— Et pourquoi donc, maman?

— C'est qu'il leur est arrivé un bien grand malheur : leur père est mort.

— Leur père est mort! Ah! mon Dieu! c'est pour cela que tu as dit : « Pauvres enfants! »

— Oui, ma fille; ils sont bien malheureux en effet; pense qu'ils ne reverront plus jamais leur cher papa qui les aimait tant, qui travaillait pour eux toute la journée, et qui était si heureux en rentrant le soir de les embrasser, de les prendre sur ses genoux, de jouer avec eux.

— Leur papa travaillait pour eux, maman?

— Oui, ma petite Jeanne; il faisait ce que fait ton père pour Paul et pour toi; il travaillait pour gagner la vie de ses enfants, pour leur donner du pain, des vêtements, des chaussures....

— Pourtant, mère, interrompit Jeanne, c'est toi qui me donnes du pain et des habits;

c'est toi qui fais mes robes, qui tricotes mes bas.

— C'est vrai, ma chérie, mais ce pain, ces habits, il faut de l'argent pour les acheter, et c'est ton père qui gagne cet argent par son travail. Pendant qu'à la maison je fais le ménage, la cuisine, que je lave et raccommode le linge, lui part dès le matin à son atelier où il travaille jusqu'au soir; et bien souvent encore il apporte de l'ouvrage à la maison, il veille jusqu'à onze heures ou minuit quand il aurait grand besoin de se reposer des fatigues de la journée.

« Eh bien, s'il se donne autant de peine, c'est pour Paul et pour toi. Il veut que vous soyez plus heureux qu'il ne l'a été dans son enfance. Ses parents étaient pauvres, et bien souvent lui et ses frères ont été mal nourris et ont souffert du froid. Maintenant, il se dit : « Je veux que mes enfants ne manquent « de rien; je veux qu'ils aient une bonne « nourriture, des vêtements chauds; je veux « que, plus tard, ils restent longtemps à « l'école, qu'ils s'instruisent le mieux pos- « sible, afin que, quand ils seront grands, ils « aient moins de peine que moi et qu'ils

« gagnent davantage ». Et c'est pour cela qu'il travaille de toutes ses forces, sans craindre la fatigue, jusque dans la nuit, bien tard, pendant que vous dormez paisiblement dans vos petits lits.

— Ah! s'écria Jeanne, ce cher petit père, qu'il est bon!... je n'avais jamais pensé à cela.

— Il faut y penser souvent, ma fille, et toi, à ton tour, il faut te montrer travailleuse, obéissante et bonne pour que ton père soit heureux. Quand il rentre le soir et que je puis lui dire : « Jeanne a été sage « aujourd'hui », il est si content que cela lui fait oublier toute sa fatigue.

— Je serai toujours bien sage, va, je te le promets; je veux faire plaisir à papa.... Mais, dis-moi, mère, le papa de Henri et d'Émile était aussi bon que le mien?

— Oui, ma fille, je te l'ai déjà dit tout à l'heure; ce pauvre M. David était un excellent père qui aimait ses enfants comme votre père vous aime.

— Et ils ne le reverront plus,... plus

jamais!... les pauvres petits!... Ah! mon cher papa, comme je vais l'embrasser ce soir! Il me semble maintenant que je l'aime encore davantage. »

Mme Roger sourit doucement en caressant les cheveux bruns de sa fillette : « Bien, ma Jeanne, dit-elle, mais voici quatre heures qui sonnent; il est temps de retourner à la maison ».

Et la maman et la petite fille reprirent tranquillement le chemin du logis.

RÉSUMÉ

Pendant que la mère reste à la maison et s'occupe du ménage, le père va travailler aux champs, à l'atelier, au magasin ou au bureau.

C'est lui qui gagne l'argent nécessaire pour nourrir la famille, pour acheter les vêtements, pour payer le loyer.

Il est quelquefois bien fatigué le soir, quand il rentre; mais il oublie sa fatigue s'il apprend que les enfants ont été sages en son absence.

CHAPITRE IV

Les suites d'une désobéissance.

Le soir de ce même jour, après dîner, la famille était, comme d'habitude, réunie autour de la table bien éclairée par la lampe. Le papa se hâtait de finir un travail pressé qu'il avait promis pour le lendemain; Mme Roger taillait le patron d'une petite robe et Jeanne jouait avec sa poupée; le petit frère, lui, dormait paisiblement dans son berceau dans la chambre voisine.

Après avoir habillé, déshabillé, rhabillé sa poupée, lui avoir bien peigné et natté les cheveux, Jeanne, qui n'aime pas à faire longtemps la même chose, commença à s'ennuyer :

« Maman, dit-elle, veux-tu que j'aille chercher mon livre d'images?

— C'est inutile, ma petite, il est près de huit heures, et dans dix minutes tu iras te coucher; d'ailleurs le livre est dans l'armoire de ma chambre, tu ne saurais le trouver sans lumière.

— Oh si! maman, je le trouverai bien; je t'en prie, laisse-moi y aller.

— Non, ma fille, tu pourrais casser quelque chose, ou bien te heurter à un meuble et te faire mal. »

Jeanne n'osa pas répliquer; mais — était-ce justement parce qu'on le lui avait défendu? — jamais elle n'avait eu aussi grande envie de regarder ses images.

« Comment faire? se dit-elle; si j'allais chercher mon livre tout doucement, maman ne s'en apercevrait pas. »

Et sans plus réfléchir, sans penser qu'elle désobéissait à sa mère, la petite fille se glissa dans la chambre à coucher et gagna l'armoire à tâtons. Cette armoire était placée tout au fond de la pièce, entre la cheminée et le berceau de petit Paul.

Jeanne chercha pendant quelques minutes dans l'obscurité, mais inutilement.

« Quel ennui! pensait-elle, il me faudrait de la lumière;... il y a bien un bougeoir et des allumettes sur la cheminée, mais maman m'a toujours tant défendu de toucher au feu.... Bah! après tout, elle n'en saura rien. »

Et Jeanne alluma la bougie.

Elle recommença ses recherches, le bougeoir à la main, sans s'apercevoir qu'elle le tenait tout de travers et qu'elle effleurait à chaque instant les rideaux de mousseline du berceau où dormait petit Paul.

Tout à coup une vive lueur éclaira la chambre; Jeanne poussa un cri de terreur : le berceau était entouré de flammes. M. et Mme Roger, saisis d'effroi, accouraient : en un instant, le père arracha les rideaux enflammés, les jeta à terre et les foula aux pieds, pendant que la mère, toute tremblante, saisissait le bébé qui criait et pleurait, et l'emportait dans la pièce voisine pour voir, à la clarté de la lampe, s'il n'était pas blessé.

Le cher petit n'avait aucun mal, heureusement, mais M. Roger, en arrachant les rideaux, s'était gravement brûlé les mains et il souffrait beaucoup.

Jeanne sanglotait, dans un coin de la chambre :

« Mon pauvre papa, se disait-elle, c'est ma faute s'il a tant de mal.... Oh! que j'ai de chagrin maintenant d'avoir désobéi,... mais je vais tant le prier qu'il me pardonnera. »

Et la petite fille, tout en larmes, alla se jeter au cou de M. Roger :

« Mon cher petit père, dit-elle, je t'en prie, pardonne-moi ; je te le promets bien, va, je ne serai plus jamais désobéissante. »

Le bon père pardonna facilement, car il voyait bien que Jeanne avait un profond regret de sa faute; et la maman, qui venait de replacer le bébé dans son berceau, emmena la fillette pour la coucher à son tour.

« Mon enfant, lui dit-elle après qu'elle l'eut bien bordée dans son petit lit, je ne veux pas te gronder ni te punir : je sais combien tu as de chagrin de voir souffrir ton pauvre papa....

— Oh oui! mère, s'écria Jeanne en pleurant, mon cher petit papa, je l'aime tant!

— Tu l'aimes bien, je le sais, et pourtant c'est toi qui es cause du mal qu'il souffre.... Vois-tu, ma fille, le meilleur moyen de montrer à ses parents qu'on les aime, c'est d'être toujours obéissante. Les enfants sont petits, ils sont ignorants, ils ne savent pas encore ce qui est bien et ce qui est mal; il faut bien que leurs parents les dirigent, leur disent ce qu'ils doivent faire ou ne pas faire. Aussi, quand ton père et moi, nous te défendons quelque chose, obéis tout de suite, même lorsque tu ne comprends pas nos raisons : dis-toi bien qu'elles sont toujours bonnes.

« Ce soir, par exemple, tu ne croyais pas faire grand mal en allant chercher ton livre et en allumant la bougie sans ma permission ; vois pourtant quel effroyable malheur ta désobéissance aurait pu causer : quelques minutes de plus, le feu gagnait les draps et l'oreiller de Paul ; si ton père et moi nous étions trouvés absents, le pauvre petit aurait été brûlé vif dans son berceau. »

A ces mots, les larmes de Jeanne redoublèrent.

« Oh ! s'écria-t-elle, je ne désobéirai plus, plus jamais.... Embrasse-moi, dis, ma petite mère, et pardonne-moi aussi....

— Je te pardonne de tout mon cœur, mon enfant chérie, mais à condition que tu te souviendras de ta promesse. »

Et la maman, après avoir essuyé les yeux pleins de larmes de sa petite fille et l'avoir tendrement embrassée, éteignit la lumière et sortit doucement de la chambre.

RÉSUMÉ

Le premier devoir d'un enfant est d'obéir à ses parents.

L'enfant est ignorant, il ne sait pas encore ce qui est bien et ce qui est mal.

Ses parents sont bien plus âgés et bien plus instruits que lui : c'est à eux de lui dire ce qu'il faut faire et ce qu'il ne faut pas faire.

Le meilleur moyen de montrer à ses parents qu'on les aime, c'est d'être toujours obéissant.

CHAPITRE V

Une visite des grands-parents.

« Madame Roger ! une lettre !

— Donnez-la-moi, monsieur, je vais la monter à maman », dit au facteur Jeanne qui rentrait, portant le lait du déjeuner qu'elle était allée chercher.

« Bien volontiers, mademoiselle. »

Et le brave homme remit la

lettre à Jeanne, qui monta en courant les trois étages :

« Tiens, maman, une lettre !

— Ah ! s'écria Mme Roger, une lettre de Paris ! » et elle s'empressa de décacheter l'enveloppe.

« C'est de grand-père, dis, maman?

— Oui, ma fille.

— Et qu'est-ce qu'il dit?

— Il dit qu'il va venir, avec ta grand'mère, passer quinze jours auprès de nous.

— Oh ! quel bonheur ! quel bonheur ! » s'écria Jeanne en sautant et en battant des mains. « Et quand arriveront-ils?

— Demain soir ; nous avons à peine le temps de tout préparer pour les bien recevoir ; ainsi, dépêchons-nous. »

Ce jour-là et le suivant se passèrent en préparatifs, à la grande joie de Jeanne, qui aidait un peu et s'amusait beaucoup.

M. et Mme Roger disposèrent pour les grands-parents leur propre chambre et s'installèrent comme ils purent dans la pièce où Jeanne couchait habituellement; le petit lit de la fillette fut placé provisoirement dans l'antichambre.

« Pourquoi donc donnez-vous votre chambre à grand-papa et à grand'maman? demanda Jeanne.

— Parce que c'est la plus grande et la plus commode, répondit Mme Roger.

— Mais vous, vous ne serez pas bien!

— Peu importe, mon enfant, pourvu que les grands-parents soient installés le mieux possible. »

Le lendemain soir, tout était prêt; la chambre des grands-parents brillait d'ordre et de propreté : un bouquet dans un vase placé sur la commode lui donnait un air de fête. A cinq heures, on alla à la gare au-devant des chers voyageurs, et une heure plus tard tout le monde s'asseyait gaiement à la table de famille.

Mme Roger avait eu soin de préparer ce que les grands-parents aimaient le mieux; pendant tout le repas elle leur offrit les meilleurs morceaux, s'efforçant de les servir à leur goût.

Après le dîner, on s'assit autour de la cheminée, car on était à la fin de septembre et les soirées étaient déjà fraîches. Il n'y avait dans la modeste demeure qu'un seul fauteuil; M. Roger, après une journée de fatigue, aimait à s'y étendre une heure le soir, en lisant son journal; ce jour-là, il prit simplement une chaise et fit asseoir le grand-papa dans le fauteuil. Quant à la grand'mère, elle voulait se lever pour aider Mme Roger à enlever le couvert et à ranger la chambre : « Non, non, chère maman, répondit la jeune femme, je ne permettrai pas que vous travailliez pendant que vous êtes ici ». Et elle obligea la grand'mère à reprendre sa place au coin du feu.

Tous les jours suivants, Jeanne fut témoin des prévenances, des attentions de son père et de sa mère pour les grands-parents. Le soir, au moment de se coucher, ils trouvaient un beau feu clair allumé dans leur chambre. Si l'on sortait, Mme Roger avait soin de se munir de vêtements chauds qu'elle leur présentait quand, à la tombée de la nuit, le temps commençait à se refroidir. La grand'mère s'étant trouvée assez gravement indisposée pendant quelques jours, Mme Roger passa les nuits auprès d'elle et l'entoura des soins les plus assidus et les plus tendres.

« Comme tu soignes grand-papa et grand'-maman! dit un jour Jeanne à sa mère.

— N'est-ce pas bien naturel? mon enfant,

répondit Mme Roger. Quand j'étais petite, tes grands-parents, qui sont mon père et ma mère à moi, se sont fatigués à travailler pour me nourrir, m'élever, m'envoyer à l'école; ils m'ont soignée quand j'étais malade. Maintenant qu'ils sont âgés et souffrants, c'est à mon tour de prendre soin d'eux; mais, vois-tu, ma fille, j'aurai beau faire, je ne leur rendrai jamais tout ce qu'ils ont fait pour moi.

— Moi aussi, s'écria Jeanne, j'aime grand-père et grand'mère, et je veux être bien sage pour qu'ils soient contents. » Et elle ajouta : « Quand je serai grande et que vous serez bien vieux, papa et toi, j'aurai soin de vous, je chercherai toujours à vous faire plaisir, je vous rendrai très heureux !

— Il n'est pas nécessaire d'attendre aussi longtemps, ma petite Jeanne, dit la grand'-mère qui venait d'entrer. Obéis à tes parents, prouve-leur que tu les aimes en te montrant douce, polie, travailleuse, et je t'assure que tu les rendras heureux dès à présent. »

RÉSUMÉ

Il ne suffit pas d'obéir à ses parents : il faut encore être doux, poli, prévenant avec eux ; il faut essayer de les aider dans leur travail.

Une bonne petite fille, par exemple, aide sa mère au ménage, fait les commissions.

Plus tard, quand elle est devenue grande et que ses parents sont vieux, elle les soigne avec tendresse, elle cherche à leur épargner la peine et la fatigue, elle vient à leur aide s'ils sont pauvres.

Les parents de notre père et de notre mère sont nos grands parents; nous devons aussi leur obéir et les aimer de tout notre cœur.

CHAPITRE VI.

Un jeudi bien employé.

Le jeudi qui suivit le départ des grands-parents, Mme Roger conduisit Jeanne et petit Paul chez leur tante Marie; elle avait choisi le jeudi pour que Jeanne pût jouer avec son cousin et sa cousine qui, ce jour-là, n'allaient pas à l'école. Berthe et Marcel étaient tous deux un peu plus âgés que Jeanne : Berthe avait huit ans, et Marcel en avait dix. C'étaient de bons petits enfants qui s'aimaient beaucoup; jamais on ne les entendait se disputer; au contraire, ils cherchaient toutes les occasions de se faire plaisir, de se rendre service.

En arrivant on trouva la tante Marie assise

au jardin, occupée à coudre. Après l'avoir embrassée :

« Où sont donc Berthe et Marcel? demanda Jeanne.

— Ils font leurs devoirs dans la salle à manger », répondit la tante.

Jeanne y courut.

« Tu viens jouer avec nous! quel bonheur! s'écrièrent les deux enfants.

— Oui, dit Jeanne, mais vous faites vos devoirs?

— Oh! moi, j'ai fini, répondit Marcel, je rangeais mes cahiers.

— Et moi, ajouta Berthe, je n'ai plus qu'un problème à faire; allez m'attendre au jardin, je vous rejoindrai dans dix minutes. »

Marcel et Jeanne s'en allèrent au jardin, mais une demi-heure se passa et Berthe n'arrivait pas.

« Il faut aller voir ce qu'elle fait », dirent les enfants; ils coururent à la salle à manger : la pauvre Berthe était là, tout en larmes.

« Qu'est-ce que tu as, ma sœur?. pourquoi pleures-tu? demanda Marcel.

— Je..., je ne peux pas faire mon problème,... il est trop difficile,... répondit Berthe en sanglotant.

— Mais il ne faut pas pleurer pour cela; attends, je vais t'aider.

— Oh! merci, merci, mon bon Marcel, s'écria Berthe en se jetant à son cou.

— C'est bien le moins que je t'aide aujourd'hui, ma petite sœur, tu as bien passé ta

récréation l'autre jour à raccommoder ma blouse pour que maman ne me gronde pas. »

Et Marcel, s'asseyant auprès de sa sœur, lui expliqua si bien son problème qu'un quart d'heure après, tout était terminé.

« Qu'allons-nous faire de notre après-midi? dit alors Berthe. Si nous demandions la permission d'aller jusqu'au petit bois? C'est tout près d'ici et il y a beaucoup de noisettes.

— Oui, oui, c'est cela. »

Les mamans accordèrent sans peine la

permission demandée et les enfants partirent.

En sortant de la ville, ils passèrent devant une petite maison isolée, de pauvre apparence. Une jeune fille de treize à quatorze ans, à l'air doux et triste, se tenait sur le seuil, portant dans ses bras un enfant qui

criait; elle cherchait à le calmer et à l'amuser, mais elle n'y réussissait pas.

« Bonjour, Geneviève, dirent les enfants, est-ce que ton petit frère est malade?

— Il perce des dents et cela le rend grognon, répondit la jeune fille; il ne veut pas me quitter; je ne puis trouver une minute pour faire mon ouvrage; j'ai mon savonnage à finir, les pommes de terre et les choux à éplucher pour la soupe; je n'en viendrai jamais à bout. »

Pauvre Geneviève! depuis six mois que sa mère était morte, c'était elle qui faisait le ménage et s'occupait de ses deux petits frères pendant que son père allait travailler aux champs; aussi avait-elle parfois bien du travail et du souci.

« Ne te tourmente pas, ma bonne Geneviève, s'écrièrent les enfants, nous allons tous t'aider.

— Moi, je me charge d'amuser le petit, dit Marcel.

— Moi, j'éplucherai les pommes de terre, dit Jeanne.

— Et moi, ajouta Berthe, je vais t'aider à finir ton savonnage. J'étendrai le linge sur la haie à mesure que tu le rinceras. »

Et vite tout le monde se mit à la besogne. C'était plaisir de voir travailler les fillettes; quant à Marcel, il avait mis le petit Jacques sur son épaule et il le promenait devant la porte en imitant le roulement du tambour; le bébé était consolé, il riait aux éclats.

Deux heures après, toute la besogne était terminée. Le linge, bien blanc, séchait sur la haie; la chambre était bien rangée; les pommes de terre et les choux bouillaient dans la marmite et répandaient une odeur appétissante.

« Ah, mon Dieu! s'écria tout à coup Marcel, il est cinq heures! rentrons vite à la maison, maman et ma tante vont s'inquiéter.

— C'est vrai, dirent les petites filles. Au revoir, Geneviève, à jeudi prochain. »

Au détour de la route, les enfants rencontrèrent Mme Roger et la tante Marie qui venaient au-devant d'eux.

« Eh bien, mes amis, rapportez-vous beaucoup de noisettes? demandèrent-elles.

— Nous ne sommes pas allés jusqu'au bois, maman, dit Marcel, nous nous sommes arrêtés chez Geneviève.

— Oui, maman, ajouta Berthe; et comme elle avait beaucoup d'ouvrage aujourd'hui, nous l'avons aidée.

— Et vous avez bien fait, mes amis; Geneviève est une excellente enfant qui remplit avec bien du courage ses devoirs de sœur aînée; c'est une vraie maman pour ses deux petits frères.

— C'est bien vrai, cela, dit Berthe; tous les matins, en allant en classe, je la vois qui conduit le petit Louis à l'école maternelle; il faut voir comme il est propre, toujours bien lavé, bien peigné, ses souliers bien cirés.

— Et comme elle est douce et bonne avec lui, reprit la tante Marie; jamais elle ne lui parle brusquement, et surtout jamais elle ne le frappe. Quant au petit Jacques, elle le porte, elle le berce, elle le soigne comme ferait une véritable mère. Aussi son père,

que j'ai rencontré l'autre jour, me disait : « Ç'a été un bien grand malheur pour moi de « perdre ma pauvre femme; mais, si quelque « chose peut me consoler, c'est d'avoir une « fille comme ma Geneviève ».

Tout en causant, on était arrivé devant la maison de la tante Marie; comme il était un peu tard, on se sépara; les enfants s'embrassèrent en se promettant bien de se retrouver le jeudi suivant.

RÉSUMÉ

Les frères et sœurs doivent s'aimer de tout leur cœur, ne pas se disputer, chercher au contraire à se faire plaisir et à se rendre service.

La sœur aînée doit veiller sur ses frères et sœurs plus jeunes qu'elle ; elle doit en prendre soin, surtout lorsqu'ils ont perdu leur mère.

Les plus jeunes, à leur tour, doivent lui obéir comme ils obéiraient à la mère qu'elle remplace.

DEUXIÈME PARTIE

L'ÉCOLE

CHAPITRE VII

La première journée de Jeanne à l'école.

Le mois d'octobre était arrivé; jusqu'alors Jeanne n'avait pas quitté sa mère qui lui avait appris à lire; mais elle allait avoir sept ans; ses parents se décidèrent à l'envoyer à l'école.

Un matin, donc, Mme Roger la prit par la main et la conduisit à la maîtresse. La pauvre maman était un peu triste, car il lui en coûtait de se séparer de sa petite fille; quant à Jeanne, elle était enchantée : d'abord on lui avait acheté un joli panier neuf pour mettre son déjeuner; puis elle allait retrouver sa cousine Berthe et plusieurs petites compagnes avec qui elle jouerait pendant les récréations; enfin elle savait bien que les enfants sages se plaisent beaucoup à l'école où elles apprennent toutes sortes de choses intéressantes.

Pendant la route, la maman causait avec sa petite Jeanne :

« Tu seras bien polie, n'est-ce pas, ma chérie? disait-elle; tu seras aussi bien obéissante; la maîtresse, vois-tu, remplace les mamans de toutes les petites filles qui sont en classe on doit lui obéir comme on obéirait à sa mère.

— Oui, maman », répondait Jeanne en pressant le pas, car elle avait hâte d'être à l'école.

On arriva enfin, et Mme Roger, après avoir présenté sa fille à l'institutrice, retourna à la maison; quant à Jeanne, elle entra en classe avec les autres enfants. Le temps ne lui sembla pas long; elle s'appliqua à bien travailler pendant les heures de classe et elle joua de tout son cœur à la récréation; aussi, lorsque sa mère vint la chercher le soir à quatre heures, l'enfant lui sauta au cou en s'écriant :

« Oh! maman, si tu savais comme je me suis amusée!

— Vraiment? dit Mme Roger, raconte-moi cela, ma chérie.

— D'abord la maîtresse m'a donné un livre

où il y a beaucoup de belles images : j'en ai lu un chapitre avec les autres petites filles; puis j'ai écrit sur un cahier avec un crayon; on a dessiné, on a chanté, et Mademoiselle nous a raconté une jolie histoire.

— Elle paraît très bonne, votre maîtresse, dit Mme Roger.

— Oh! maman, elle est bien sévère, va. Figure-toi que Marguerite est arrivée à huit heures et demie; eh bien, Mademoiselle l'a grondée très fort et lui a dit qu'elle serait punie si elle recommençait. La pauvre Marguerite a bien pleuré!

— Ma fille, la maîtresse avait raison de gronder Marguerite; les enfants doivent arriver en classe à l'heure, et tu vas bien comprendre pourquoi. Quand Marguerite est arrivée, la classe était commencée?

— Oui, maman; on avait donné la leçon de lecture.

— De sorte que Marguerite n'a pas lu?

— Non, maman.

— Eh bien, tu vois ce qui arriverait si elle était en retard tous les jours : elle ne lirait

jamais, de sorte qu'elle ne pourrait apprendre à bien lire.

— C'est vrai, cela, je n'y avais pas pensé.

— Ainsi, tu le vois, ma Jeanne, une enfant qui n'est pas exacte perd une partie des leçons; puis, en arrivant quand la classe est commencée, elle interrompt la maîtresse et dérange les autres élèves. Mais arriver à l'heure le matin ne suffit pas; il faut encore venir régulièrement à l'école tous les jours.

— Oui, Mademoiselle l'a bien recommandé;

elle dit que sans cela nous ne ferions pas de progrès.

— Elle a raison, ma fille. Quand une élève revient à l'école après avoir manqué un ou plusieurs jours, elle se trouve en arrière; ses compagnes ont travaillé en son absence et la maîtresse ne peut recommencer exprès pour elle les leçons qui ont été données pendant qu'elle n'était pas là.... Et puis, que de temps perdu! Aussi il n'est permis de manquer la classe que quand on ne peut absolument pas faire autrement, quand on est malade par exemple.

— Oh! moi, maman, je ne veux pas manquer la classe; je veux devenir savante comme ma cousine Berthe, et aussi comme les grandes de la première division.

— Tu as raison, ma chérie; mais, pour devenir savante, comme tu dis, il faut encore travailler avec courage, bien écouter les leçons de la maîtresse, s'appliquer à tous ses devoirs.

— Je m'appliquerai bien, ma petite mère, tu verras. »

Tout en causant, la maman et la petite fille étaient arrivées au logis. Jeanne alla mettre à leur place son panier et son livre, puis elle revint bien vite aider sa mère à préparer le souper.

RÉSUMÉ

Une bonne petite élève doit être polie; elle doit obéir à sa maîtresse comme elle obéirait à sa mère.

Elle doit venir régulièrement à l'école tous les jours et arriver exactement à l'heure.

Elle doit encore travailler courageusement et écouter avec attention les leçons de la maîtresse.

CHAPITRE VIII

Pourquoi tout le monde aime Juliette.

Un matin que le petit Paul était un peu malade, Mme Roger n'avait pu conduire Jeanne à l'école; la fillette était partie seule, en promettant de ne pas s'amuser en route, et en effet elle marchait bien raisonnablement, son petit panier au bras.

Il avait plu; comme elle approchait de l'école, elle fit un faux pas et tomba sur le pavé glissant. La pauvre enfant se releva en pleurant à chaudes larmes; ses mains étaient pleines de boue et ses genoux un peu écorchés; elle voulut ramasser son panier, mais le panier s'était ouvert en tombant et les provisions qu'il contenait avaient roulé dans le ruisseau; à cette vue les larmes de Jeanne redoublèrent.

Heureusement une fillette d'une douzaine

d'années arrivait en courant : elle avait vu de loin tomber Jeanne, car elle suivait le même chemin pour venir à l'école.

Elle prit l'enfant par la main et la conduisit à une fontaine qui se trouvait justement tout près de là; avec son mouchoir elle lui lava les mains et les genoux :

« Ne pleure pas, ma petite Jeanne, lui dit-elle, ce ne sera rien; et ne t'inquiète pas de ton déjeuner : il y a dans mon panier bien assez pour deux : nous partagerons.

— Ah! ma bonne Juliette, comme tu es gentille! s'écria Jeanne en l'embrassant.

— Dépêchons-nous, reprit Juliette, car nous pourrions bien être en retard; donne-moi la main : comme cela tu ne tomberas plus. »

L'enfant, vite consolée, prit la main de sa compagne et toutes deux arrivèrent à l'école sans autre accident. A midi elles déjeunèrent ensemble, et, le soir, Juliette, en s'en allant, reconduisit la petite fille jusqu'à sa porte.

En entrant, Jeanne courut embrasser sa maman et son petit frère, qui heureusement allait mieux.

Eh bien, ma chérie, dit Mme Roger, tout s'est bien passé? il ne t'est rien arrivé en route?

— Je suis tombée, maman, mais je ne me suis pas fait beaucoup de mal; Juliette m'a relevée, elle m'a fait laver les mains. »

Et Jeanne fit à sa mère le récit détaillé de l'aventure. Elle ajouta en terminant :

« N'est-ce pas qu'elle est bien bonne, Juliette?

— En effet, mon enfant; elle a pris soin de toi comme l'aurait fait une véritable sœur aînée.

— Je l'aime beaucoup, et toutes les autres petites filles l'aiment bien aussi.

— Ah! et pourquoi les autres petites filles l'aiment-elles?

— Parce qu'elle est très gentille avec nous toutes; elle nous montre des jeux amusants et elle joue quelquefois avec nous; elle nous a prêté son ballon, l'autre jour.

« Toutes les grandes ne sont pas comme elle, va! Par exemple, il y a Joséphine.... Eh bien, dans la cour, dès que Mademoiselle ne la regarde pas, elle nous pousse, elle nous bouscule; elle dit : « Ces petites sont tou-
« jours dans nos jambes, c'est insupportable,
« on ne peut pas courir.... Allons, mioches,
« ôtez-vous du chemin!... » Mais Juliette n'est

pas comme cela; au contraire, elle empêche Joséphine de nous taquiner.

— Juliette est une bonne compagne; vous avez bien raison de l'aimer.

— Moi, maman, quand je serai grande comme Juliette, je veux aussi être une bonne compagne.

— Mais, ma petite fille, tu peux l'être dès à présent; on n'a pas besoin d'être grande pour se montrer douce et complaisante envers ses petites amies, pour leur rendre service toutes les fois qu'on le peut.

— C'est vrai : hier j'avais oublié mon porte-plume, j'avais bien peur d'être grondée : Charlotte m'en a prêté un.

— C'est une petite fille de ta classe?

— Oui, elle a sept ans comme moi; elle est très gentille; comme elle arrive toujours de bonne heure, nous jouons ensemble avant que la classe commence; j'aimerais bien à être auprès d'elle, mais elle est la dernière parce qu'elle ne sait presque pas lire couramment.

— Eh bien, ma Jeanne, c'est là une bonne occasion pour toi de lui rendre service à ton tour. Tu lis assez bien pour pouvoir l'aider;

tous les matins, avant le commencement de la classe, lisez ensemble une page de votre livre de lecture; Charlotte fera vite des progrès et finira par lire aussi bien que les autres enfants.

— C'est cela, c'est cela, ma petite mère! s'écria Jeanne en embrassant sa maman; nous commencerons demain matin.

— Tu vois, ma chérie, que les petites filles aussi bien que les grandes peuvent être bonnes compagnes. D'ailleurs, quand on fréquente la même école, qu'on joue et qu'on travaille ensemble tous les jours, on doit se regarder et s'aimer comme des sœurs. »

RÉSUMÉ

De bonnes petites compagnes doivent vivre ensemble comme des sœurs; elles ne doivent pas se quereller; elles doivent être douces et complaisantes les unes pour les autres et se rendre service toutes les fois qu'elles le peuvent.

CHAPITRE IX

Félicie la rapporteuse.

Dans la classe, Jeanne avait pour voisine de table une petite fille nommée Félicie. Félicie n'était pas aimée de ses compagnes,

car elle avait un bien vilain défaut : elle était rapporteuse. Sans cesse on l'entendait dire :

« Mademoiselle, Louise m'a battue!... Marie a fait un pâté sur son cahier!... Henriette copie son devoir sur celui d'Ernestine!... »

La maîtresse l'avait plusieurs fois réprimandée très sévèrement, mais sans pouvoir la corriger.

Un jour, un peu avant onze heures, Jeanne venait de terminer sa page d'écriture; en attendant le signal de la sortie, elle s'amusa à enlever de la table l'encrier mobile placé entre elle et sa compagne. La maîtresse avait expressément défendu d'y toucher, mais nous savons que Jeanne n'était pas toujours obéissante. Tout à coup l'encrier lui échappa des mains, et, avant qu'elle eût pu le redresser et le remettre en place, une partie de l'encre s'était répandue sur sa page d'écriture.

La pauvre Jeanne était consternée. « Que faire? se disait-elle.... Ah! ma foi, tant pis, je vais arracher le feuillet. »

Cela aussi était bien défendu, mais l'étourdie n'y réfléchissait pas.

Comme elle roulait en boule le feuillet taché pour le jeter sous la table, Félicie s'écria :

« Mademoiselle, Jeanne a déchiré une page de son cahier!

— Est-ce vrai, Jeanne? demanda la maîtresse.

— Oui, mademoiselle, répondit Jeanne en baissant la tête.

— Et pourquoi avez-vous fait cela?

— Parce que ma page était toute tachée d'encre.

— Vous aviez donc touché à l'encrier?

— Oui, répondit Jeanne encore plus bas.

— Mon enfant, reprit la maîtresse, vous avez eu grand tort de désobéir et je serai obligée de vous faire recommencer votre page d'écriture pendant la récréation; mais je vois avec plaisir que vous dites la vérité; vous ne cherchez pas à cacher les fautes que vous avez commises : c'est bien, vous êtes une petite fille sincère.

« Quant à vous, Félicie, ce que vous avez fait est très mal : chercher à faire gronder et punir ses compagnes en dévoilant leurs fautes, c'est une action honteuse, indigne d'une honnête enfant. »

Jeanne s'assit en pleurant; cependant elle était bien heureuse des éloges que lui avait adressés la maîtresse; elle se promettait de ne plus désobéir et de dire toujours la vérité. Félicie, rouge de honte, n'osait lever les yeux.

Il était onze heures; la maîtresse fit sortir les enfants, et conduisit jusqu'à l'extrémité de la rue celles qui s'en allaient seules chez elles; les autres entrèrent dans le préau pour déjeuner.

Jeanne avait essuyé ses larmes. Dès qu'elle eut mangé, elle se mit bravement à l'ouvrage et refit sa page d'écriture; puis elle courut au jardin.

« Viens vite, Jeanne! lui crièrent ses petites amies. Marie a apporté une grande corde, nous t'avons attendue pour jouer! »

Une bonne partie fut vite organisée; c'était un plaisir d'entendre les joyeux éclats de rire des petites filles : elles s'amusaient toutes de si bon cœur!

Et Félicie, que faisait-elle pendant ce temps-là?

Elle s'était approchée pour prendre part au jeu; mais ses compagnes lui avaient dit :

« Va-t'en, rapporteuse, nous ne voulons pas jouer avec toi. »

Alors elle s'était retirée dans un coin de la cour et elle restait là, toute seule, à s'ennuyer.

Elle l'avait bien mérité, n'est-ce pas?

RÉSUMÉ

On ne doit jamais dévoiler les fautes de ses compagnes : c'est là une action honteuse, indigne d'une honnête enfant.

TROISIÈME PARTIE

LA PATRIE

CHAPITRE X

Où Jeanne apprend ce que c'est que la patrie.

« Si tu savais, maman, s'écriait Jeanne, un soir, en rentrant de l'école, si tu savais comme nous avons ri aujourd'hui !

— Ah ! dit Mme Roger, pourquoi donc avez-vous tant ri ?

— C'est qu'on a amené en classe une petite *nouvelle* ; elle s'appelle Édith.

— Et qu'a-t-elle de risible, cette petite *nouvelle* ?

— Elle parle si drôlement qu'on ne la comprend pas du tout. Mademoiselle dit que c'est une Anglaise et qu'il ne faut pas se moquer d'elle.

— Mademoiselle a bien raison : on ne doit se moquer de personne.

— Mais pourquoi Édith ne parle-t-elle pas comme nous?

— Parce qu'elle est née et qu'elle a été élevée en Angleterre; elle parle anglais comme tous les habitants de son pays.

— Et nous?

— Vous, vous parlez français comme tous les habitants de la France; vous êtes de petites Françaises; c'est la France qui est votre pays.

— Je croyais que c'était Avallon qui était mon pays?

— Avallon est la ville où tu es née; c'est une ville de France et une des plus petites; mais la France en renferme encore beaucoup d'autres.

— Elle est donc bien grande, la France?

— Oui, certes. Te rappelles-tu quand tu es allée à Paris, l'année dernière? Tu es restée en chemin de fer une partie de la journée.

— Oh oui! je m'en souviens! C'était bien amusant! Je regardais par la portière; on voyait des champs, des vignes, des prairies où il y avait des vaches; puis, de temps en temps, on apercevait des villages : ma tante me les montrait ; et comme on commençait à approcher de Paris, elle m'a fait voir que nous traversions un grand, grand bois ; elle m'a dit que c'était la forêt de Fontainebleau. J'ai vu aussi des rivières très larges, bien plus larges que celle qui coule près d'Avallon.

— Eh bien, ma fille, tu n'as vu là qu'une toute petite partie de la France. Il y a dans notre pays de grands fleuves, plus larges encore que la Seine qui traverse Paris ; il y a de hautes montagnes dont le sommet est tout blanc parce qu'il est couvert de neige qui ne fond jamais ; il y a des prairies encore plus belles et plus verdoyantes, des forêts plus vastes que celles que tu as vues.

— Alors, maman, la France est un bien beau pays, n'est-ce pas ?

— Oui, ma Jeanne, il n'y en a pas de plus beau au monde. Il n'y en a pas non plus qui soit plus fertile. Ses champs produisent en abondance le blé dont on fait le pain; ses vignes, le raisin qui sert à faire le vin, et il n'y a pas de meilleurs vins que les vins de France. Dans ses jardins on récolte des

fruits délicieux : les pommes, les poires, les prunes, les abricots, les pêches.... Mais je ne pourrais jamais te dire maintenant tout ce qu'on trouve en France de beau et de bon; on t'apprendra tout cela à l'école quand tu seras un peu plus grande.

— N'importe, maman, je suis bien contente d'être Française.... Et toi, tu es Française aussi?

— Certainement, ma fille, je suis née à Paris, qui est la plus grande ville de la France.

— Et papa?

— Ton père aussi est Français, et ton petit frère, et tous tes parents. La France est notre pays, ou, comme on dit encore, notre patrie à tous. »

A ce moment la porte de la salle s'ouvrit : « Hé bien! dit une voix joyeuse, on ne vient donc pas embrasser papa, ce soir?

— Oh si! s'écria Jeanne en courant se jeter au cou de son père; bonsoir, mon petit papa, bonsoir! »

La maman et la petite fille causaient avec tant d'animation tout en mettant le couvert, qu'elles n'avaient pas entendu entrer M. Roger.

Le dîner était prêt, d'ailleurs. Le petit Paul, qui s'amusait dans un coin sur une couverture étendue à terre, fut assis dans sa grande chaise, et la maman servit à tout le monde la bonne soupe fumante.

RÉSUMÉ

Quelle que soit la ville ou le village où nous sommes nées, nous sommes de petites Françaises; notre patrie est la France; c'est un pays très grand, très beau et très fertile.

Tous les habitants de la France parlent la même langue, qui est la langue française ou le français.

CHAPITRE XI

Où Jeanne apprend ce que c'est que la patrie (FIN).

Après le dîner, quand Jeanne eut aidé sa maman à ôter le couvert et à essuyer la vaisselle, toute la famille s'assit auprès du feu.

« Vous causiez donc de choses bien intéressantes, ce soir, demanda le papa, que Jeanne a oublié l'heure de mon arrivée?

— Oh oui! père; maman me disait que la France est notre patrie, qu'elle est bien grande et bien belle. » Et la petite fille répéta ce que lui avait expliqué Mme Roger.

« Mon enfant, reprit le père, si je ne vous avais pas interrompues, ta maman t'aurait dit encore que la patrie, ce n'est pas seulement le sol de la France, ses champs, ses vignes, ses prairies : ce sont aussi ses habitants, les Français. Tous les Français sont nos compatriotes; ils ont la même patrie que nous; ce sont un peu nos frères et nous devons les aimer bien plus que des étrangers.

« C'est quand on est éloigné de sa patrie qu'on sent combien on l'aime et combien on aime ses compatriotes. Je sais cela, moi, ma fille, car je suis allé autrefois travailler en Suisse pendant un an. (La Suisse est un petit pays qui touche à la France.) Les gens chez qui je demeurais étaient de braves gens, mais ce n'étaient pas des Français. Aussi, quand je recevais une lettre ou un journal de France,

avec quelle joie je les lisais! j'étais si heureux d'avoir des nouvelles de mon pays!

— Je suis sûre que tu comprends déjà cela, Jeanne, reprit Mme Roger. Si on te conduisait en Angleterre, par exemple, dans une école anglaise, l petites filles ne te comprendraient pas et il est probable qu'elles riraient de toi comme vous avez ri d'Édith aujourd'hui....

— Ah! mère, interrompit l'enfant dont le cœur se serrait à la seule pensée de l'isolement au milieu d'étrangers, comme je m'ennuierais, comme je serais malheureuse!

— Eh bien, continua la maman, suppose qu'on amène alors à la même école une petite Française comme toi, mais une petite fille que tu ne connaîtrais pas, que tu n'aurais jamais vue....

— Cela ne ferait rien, s'écria Jeanne, je serais bien contente! je courrais vite l'embrasser, nous causerions ensemble, elle serait tout de suite ma petite amie! »

M. Roger prit alors la parole :

« Maintenant, ma Jeanne, dit-il, la patrie n'est encore pour toi que le pays où tu es née, où vivent tes parents; mais, plus tard, tu apprendras l'histoire; on te dira que la France n'a pas toujours été comme nous la voyons à présent.

« Autrefois, il y a des centaines d'années,

elle était toute couverte de grands bois; ces bois, il a fallu bien des peines et des fatigues pour les défricher, pour les transformer en vignes et en champs cultivés. Et que de siècles de travail il a fallu encore pour construire ces grandes villes, ces beaux monuments qui font notre gloire! Eh bien, ce sont les hommes qui habitaient alors la France, ce sont nos ancêtres qui ont fait tout cela.

« Bien souvent aussi ils ont combattu vaillamment pour repousser les habitants des pays voisins qui étaient venus nous faire la guerre....

« Mon enfant, c'est quand tu sauras combien les Français ont eu à souffrir et à lutter pour faire la France telle qu'elle est aujourd'hui, c'est alors seulement que tu comprendras vraiment ce que c'est que la patrie et comme on doit l'aimer. »

Comme le papa finissait de parler, huit heures sonnèrent : c'était l'heure où la petite fille se couchait d'habitude. Elle alla dire bonsoir à ses parents et les embrasser; dix minutes après, elle dormait profondément dans son petit lit.

RÉSUMÉ

Tous les habitants de la France sont nos compatriotes, c'est-à-dire qu'ils ont la même patrie que nous; nous devons les aimer bien plus que des étrangers.

Nous aimons déjà la France parce que c'est le pays où nous sommes nées, où nous avons notre maison et nos parents; plus tard, quand nous aurons appris son histoire, nous l'aimerons bien davantage encore parce que nous la connaîtrons mieux.

CHAPITRE XII

Histoire d'un petit morceau de pain noir.

Ce jour-là, comme c'était jeudi, Jeanne n'était pas allée à l'école; elle aidait sa maman à ranger le linge qui venait d'être repassé.

Tout à coup elle aperçut au fond d'un tiroir de la commode une petite boîte de carton.

« Maman, s'écria-t-elle, montre-moi ce qu'il y a dans cette boîte, je t'en prie. »

La maman ouvrit complaisamment la boîte, mais Jeanne resta fort désappointée : elle s'était attendue à voir quelque chose de très joli, et ce qu'elle vit n'était pas joli du tout : c'était un petit morceau de pain noir, plus noir encore que celui que mangent les pauvres gens de la campagne, tout mêlé de son, de grains d'avoine et de brins de paille.

« C'est du pain! s'écria Jeanne. Et quel vilain pain noir! Est-ce que tu as mangé de ce pain-là, maman?

— Oui, ma fille, j'en ai mangé pendant plusieurs mois.

— Oh! pauvre petite mère! tu n'avais donc pas d'argent pour en acheter d'autre?

— Il n'y en avait pas d'autre; tout le monde, riches et pauvres, mangeait de celui-là, car à ce moment je demeurais à Paris, et Paris était assiégé.

— Assiégé? qu'est-ce que cela veut dire?

— Tu as déjà entendu dire, ma petite Jeanne, qu'il y a vingt ans notre pays était en guerre avec l'Allemagne. Tu n'étais pas encore au monde à ce moment-là, et tu ne sais pas quelle chose terrible c'est que la guerre. Des gens qui pourraient rester si heu-

reux chez eux, près de leur famille, à cultiver leurs champs ou à s'occuper de leur métier, marchent les uns contre les autres; on tire des coups de fusil, des coups de canon, et quand on s'est battu ainsi pendant une journée, des milliers d'hommes, robustes et bien portants le matin, sont couchés sur la terre sanglante, dans les blés, sur les routes, au fond des fossés; ils ne se relèveront plus, ils sont morts loin de leur village, sans revoir leur famille.

« Eh bien, au mois de septembre de l'année 1870, il y avait déjà plus d'un mois que la guerre durait. Les Allemands étaient les plus forts; ils nous avaient tué des milliers de soldats; nous étions vaincus, hélas, ma petite Jeanne, et les ennemis marchaient sur Paris, la capitale de notre France, pour y entrer et la prendre.

— Mais, maman, il ne fallait pas les laisser entrer!

— On ne les a pas laissés entrer non plus; on a fermé les portes de la ville; on a rangé des canons sur les remparts; on a, comme on dit, mis la capitale en état de défense. Il y avait là, en effet, beaucoup de soldats prêts à se défendre, et les habitants les y auraient tous aidés.

« C'est alors que les Allemands ont entouré Paris de leurs soldats, de leurs canons, qu'ils l'ont assiégé, comme je te le disais tout à l'heure. Mais ils n'ont pas essayé d'y entrer de force; ils savaient trop bien qu'ils n'y réussiraient pas. Ils s'y sont pris autrement : ils ont empêché tous les gens qui étaient dans Paris de sortir, et en même temps ils empêchaient les vivres d'entrer dans la ville.

— Les vivres? Qu'est-ce que cela?

— C'est la farine pour faire du pain, la viande, les légumes. Ils se disaient : « Quand « les habitants n'auront plus rien à manger, « s'ils ne veulent pas mourir de faim, il faudra « bien qu'ils ouvrent leurs portes et qu'ils « nous laissent entrer ».

« Alors, tu comprends ce qui est arrivé : on n'avait pour manger que les provisions qui se trouvaient dans la ville, puisqu'il ne pouvait pas en entrer d'autres; il s'agissait de les faire durer le plus longtemps possible. On a rationné les habitants; cela veut dire qu'au lieu d'acheter du pain ou de la viande suivant ses besoins, comme on le fait habituellement, chacun n'en recevait qu'une petite part, égale pour tout le monde. A mesure que les provisions s'épuisaient, on diminuait les rations, on faisait les parts plus petites; la bonne farine était consommée, on employait, pour faire le pain, de la farine d'avoine, du son; c'est alors que le pain était noir comme celui que tu vois; et, on n'en recevait qu'un bien petit morceau pour sa journée.

— Comme vous deviez avoir faim!

— Oui, nous avions bien faim, et bien froid aussi, je t'assure, car c'était en hiver, et il n'y avait ni bois, ni charbon pour faire du feu.

« Souffrir du froid, de la faim, c'était déjà bien triste; pourtant il y avait quelque chose de plus terrible encore . .e bombardement.

« Avec leurs canons, les Allemands lançaient sur Paris des obus, c'est-à-dire des

espèces d'énormes boulets de fer, creux à l'intérieur.

« Tiens, en voici un morceau, un éclat; il vient d'un obus qui est tombé devant la maison où je demeurais alors; regarde, il a plus de deux centimètres d'épaisseur.

— Et comme il est lourd! ajouta Jeanne.

— Eh bien, ces obus tombaient dans les rues, sur les maisons; en tombant ils éclataient, ils traversaient les toits, renversaient les murs, tuaient tout ce qui se trouvait sur leur passage, les femmes, les petits enfants dans leur berceau.

— Ah! c'est affreux! dit Jeanne en se serrant toute pâle contre sa mère.

— Oui, certes, mon enfant; mais malgré le bombardement, malgré le froid, malgré la

faim, on ne songeait pas à ouvrir les portes; on ne se plaignait même pas, car c'était pour la patrie qu'on souffrait.

« Je t'ai dit déjà ce que c'est que la patrie et pourquoi nous devons tant l'aimer.

— Oh oui! maman, je n'ai pas oublié, va. C'est le pays où nous sommes nés, où nous avons notre maison, et tous nos parents, et tous nos amis; notre patrie à nous, c'est la France, elle est bien grande, bien belle, et je suis bien contente d'être Française.

— Tu as raison, ma Jeanne, et tu comprends bien alors pourquoi nous étions si tristes lorsque les Allemands avaient envahi notre pays, pourquoi nous aimions mieux souffrir le froid, la faim et le bombardement que de les laisser entrer dans Paris.

« Ils y sont entrés, pourtant. Après avoir résisté pendant plusieurs mois, il n'y avait plus rien à manger dans la ville : il a bien fallu céder. Il a fallu signer la paix, abandonner aux ennemis deux de nos plus belles provinces, l'Alsace et la Lorraine, leur payer une somme d'argent si forte que tu ne pourrais t'en faire une idée. Cela ne leur suffisait pas encore, ils ont voulu entrer dans Paris, y entrer en triomphe. Mais, ce jour-là, tous les habitants sont restés dans leurs maisons, toutes les boutiques se sont fermées en signe de deuil; et les ennemis, au lieu du beau Paris si gai, si animé, qu'ils s'attendaient à voir, n'ont vu que des rues désertes et des drapeaux noirs flottant aux fenêtres.

— Tout le monde devait avoir bien du chagrin.

— Oh oui! je te l'assure, ma fille; nous éprouvions autant de chagrin et de colère qu'un enfant qui verrait maltraiter sa mère sans pouvoir la défendre. » Et, à ce cruel souvenir, des larmes montaient aux yeux de Mme Roger.

Jeanne se jeta au cou de sa mère et l'embrassa de toutes ses forces. Puis, après un instant de silence : « Maman, dit-elle, pourquoi as-tu conservé le petit morceau de pain noir?

— Je l'ai conservé, ma chérie, parce que, chaque fois que je le regarde, il me rappelle les maux que la France a endurés pendant cette guerre terrible. C'est comme s'il me disait : N'oublie pas les malheurs et les souffrances de la patrie; parles-en de bonne heure à tes petits enfants; apprends-leur à aimer la France, à la servir et, plus tard, à savoir mourir pour elle, s'il le faut.

« Je te l'ai montré aujourd'hui; quand ton petit frère sera assez grand pour me comprendre, je le lui montrerai à son tour; et je ferai tout ce que je pourrai pour que vous deveniez tous deux de bons Français!

— Qu'est-ce qu'il faut faire, maman, pour être de bons Français?

— Il est trop tard pour que je t'explique cela aujourd'hui, ma petite fille, ce sera pour un autre jour. »

RÉSUMÉ

En 1870, la France, notre patrie, a soutenu contre l'Allemagne une guerre terrible. Nous avons été vaincus. Les Allemands, après nous avoir tué des milliers de soldats, sont venus assiéger Paris. Les habitants ont résisté pendant plusieurs mois, mais alors, mourants de faim, ils ont été obligés de céder. Il a fallu signer la paix et abandonner aux ennemis deux de nos plus belles provinces, l'Alsace et la Lorraine.

Petites Françaises, n'oublions jamais les malheurs et les souffrances de la patrie.

CHAPITRE XIII

Un grand souvenir.

Les parents de Jeanne avaient à Nuits de bons amis qu'ils n'étaient pas allés voir depuis plusieurs années, car Nuits est assez éloigné d'Avallon et les frais du voyage constituaient une dépense assez forte pour le modeste ménage. Cependant, un jour du mois de décembre, ils reçurent une lettre qui les décida.

« Mes chers amis, écrivait Mme Renaud, on célébrera, dimanche prochain, à Nuits, l'inauguration du monument élevé à la mémoire des soldats tués pendant la guerre de 1870, vous ne pouvez pas cette fois refuser de venir passer quelques jours avec nous. »

En effet, M. Roger ayant pu obtenir trois jours de congé, le voyage fut décidé, à la grande joie de Jeanne.

Le samedi suivant, vers onze heures du matin, le père, la mère et les enfants montèrent en wagon; dans l'après-midi ils arrivaient chez leurs amis, qui les reçurent à bras ouverts. Les deux gentilles petites filles de Mme Renaud firent le meilleur accueil à Jeanne; quant à petit Paul, il fut fêté, caressé, embrassé, ce qui fit grand plaisir à Jeanne, car elle était d'avis qu'il n'y avait pas au monde de plus beau bébé que son petit frère.

Le lendemain, vers deux heures, M. et Mme Renaud sortirent avec leurs hôtes pour assister à la cérémonie.

A peine dans la rue, les trois petites filles poussèrent des cris d'admiration : toutes les maisons étaient pavoisées de drapeaux tricolores; les rues étaient pleines de monde; le temps était superbe malgré le froid, le soleil brillait.

Après avoir parcouru la ville, on s'achemina vers le monument qui s'élève dans la plaine à une certaine distance. Bientôt on entendit retentir la musique militaire :

« Voici le cortège », dit M. Renaud.

Sur la route s'avançaient des gendarmes à cheval, des soldats, puis une foule d'hommes, dont plusieurs portaient des drapeaux et de grandes couronnes de fleurs; tous se rangèrent autour du monument.

Alors un d'entre eux prit la parole : il parla des vaillants soldats qui étaient morts à cette place en combattant pour défendre la France; il parla des jeunes gens qui sauraient suivre l'exemple de ces braves et donner au besoin leur vie pour la patrie. D'autres discours furent ensuite prononcés; puis on déposa les fleurs sur le monument, et le cortège reprit le chemin de la ville.

Les petites filles voulurent alors s'approcher pour admirer tout à leur aise les belles couronnes qu'elles n'avaient pu voir que de loin.

« Oh! que c'est beau! que c'est donc beau! s'écriaient-elles.

— Mais, demanda Jeanne, pourquoi les a-t-on mises là?

— Mon enfant, répondit son père, lorsque

notre pays était en guerre avec l'Allemagne en 1870, il y a eu, dans ce champ où nous sommes, une terrible bataille; beaucoup de soldats français y ont été tués. Les habitants de la ville de Nuits ont voulu élever un monument à l'endroit où ils sont enterrés afin qu'on se souvienne toujours de leur courage. Eh bien, ce monument vient d'être terminé, et l'on y a déposé des fleurs et des couronnes comme on en dépose, au cimetière, sur la tombe des parents et des amis qu'on a perdus, pour montrer qu'on ne les oublie pas.

— Nous n'oublierons pas ceux qui sont tombés là, dit M. Renaud; ils ont bien aimé la France puisqu'ils ont donné leur vie pour elle.

— Tu demandais dernièrement, ma fille, reprit le papa de Jeanne, ce qu'il faut faire pour être de bons Français : eh bien, le premier devoir d'un Français, c'est de défendre

la patrie quand elle est attaquée, c'est d'être un soldat courageux.

— Est-ce que petit frère sera soldat, quand il sera grand?

— Sans doute.

— Et si les ennemis allaient le tuer? maman pleurerait. »

Mme Roger tressaillit et serra plus fort son petit Paul contre sa poitrine.

« Ma Jeanne, dit-elle, j'aurais beaucoup de chagrin, mais j'en aurais bien davantage encore si mon fils, quand il sera un homme, n'avait pas de courage et n'aimait pas son pays.

— Mais nous, dit la petite Louise Renaud, nous ne pouvons rien faire pour la France : les petites filles ne vont pas à la guerre ni les femmes non plus.

— Tu crois que les femmes ne vont pas à la guerre? répliqua Marthe, la sœur aînée de Louise; tu ne te rappelles donc pas la belle image que nous a montrée grand-papa?

— Quelle image? demanda Jeanne; qu'est-ce qu'elle représente?

— Elle représente une grande plaine; grand-père dit que c'est un champ de bataille; on y voit des hommes et des chevaux couchés dans l'herbe; ils sont morts : ils ont été tués pendant le combat; d'autres pauvres soldats sont blessés, on voit qu'ils souffrent beaucoup. Eh bien, il y a en avant deux femmes qui relèvent un blessé; l'une le soutient dans ses bras pendant que l'autre essaie de le faire boire : ce sont des infirmières. Tu vois donc que les femmes peuvent aller à la guerre bien qu'elles ne se battent pas.

— D'ailleurs, mes enfants, reprit M. Renaud, combattre pour la patrie n'est pas la seule manière de la servir : on vous apprendra cela quand vous serez plus grandes.

« Pour le moment, travaillez avec ardeur à l'école, étudiez, instruisez-vous; soyez douces et obéissantes à la maison. Si vous faites cela, vous deviendrez plus tard des femmes instruites, courageuses et bonnes; et vous accomplirez dès à présent votre devoir de petites Françaises. ».

RÉSUMÉ

Le premier devoir d'un Français, c'est de défendre la patrie quand elle est attaquée.

Nous autres, enfants, nous pouvons déjà montrer que nous aimons la France en obéissant à nos parents et en travaillant avec ardeur pour nous instruire.

QUATRIÈME PARTIE

DEVOIRS ENVERS SOI-MÊME ET ENVERS LES AUTRES

CHAPITRE XIV

Malpropre et sans soin.

C'était un matin, à l'école, quelques mi-

nutes avant huit heures; les enfants étaient rangées sur deux lignes et la maîtresse faisait l'inspection de propreté. Elle n'avait encore eu de reproches à faire à personne, lorsqu'elle arriva devant une fillette de huit à neuf ans :

« Ma pauvre Marie, s'écria-t-elle dès qu'elle l'eut regardée, comment pouvez-vous venir à l'école aussi malpropre? »

Marie baissait la tête toute honteuse, et il y avait bien de quoi : ses mains étaient noires, ses cheveux ébouriffés, son visage, son cou et ses oreilles n'avaient pas été lavés; ses souliers étaient couverts de boue, et son tablier attaché avec une épingle.

« Maman était malade, ce matin, répondit-elle pour s'excuser.

— Mon enfant, reprit la maîtresse, vous avez déjà huit ans, et, à cet âge, une petite fille peut faire sa toilette toute seule si elle veut s'en donner la peine. Ce n'est pas bien difficile de se débarbouiller, de se savonner les mains, de peigner ses cheveux quand ils sont courts, comme les vôtres. Vous auriez pu aussi cirer vos souliers et vous savez assez bien manier l'aiguille pour coudre un bouton à votre tablier au lieu de l'attacher avec une épingle.... Pour le moment, comme vous ne pouvez rester ainsi toute la journée, allez bien vite vous débarbouiller à la fontaine. »

L'inspection était terminée, les enfants entrèrent dans la classe.

En passant auprès de Marie, Jeanne dit à demi-voix :

« Oh! la vilaine sale! elle a été grondée, c'est bien fait. Moi, je suis bien propre, Mademoiselle l'a dit. »

La maîtresse avait entendu :

« Jeanne, demanda-t-elle, qui vous a si gentiment coiffée, ce matin?

— C'est maman, mademoiselle.

— Et qui vous a savonné le cou et les oreilles?

— C'est maman.

— Et qui a reprisé ce bel accroc que vous aviez fait à votre robe hier, en jouant?

— C'est maman.

— Il me semble alors, mon enfant, que vous n'avez pas grand mérite à être propre et bien tenue, et je ne vois pas trop pourquoi vous vous moquez de Marie.... Mais, voyons, examinons quelque chose que vous soyez chargée de ranger toute seule : nous verrons si vous avez vraiment de l'ordre et de la propreté. Ouvrez votre pupitre. »

Ce fut au tour de Jeanne de rougir et de baisser la tête; elle obéit pourtant, mais bien à contre-cœur....

Aussitôt toute la classe partit d'un grand éclat de rire.

Imaginez un fouillis dans lequel une chatte n'aurait pas retrouvé ses petits — et je ne sais vraiment pas comment Jeanne pouvait y retrouver son livre et son porte-plume, — on y voyait pêle-mêle une corde à sauter, une balle, des chiffons de toute espèce, une collection de cocotes en papier, enfin un morceau de pain qui était resté à Jeanne de son goûter de la veille.

La maîtresse ne lui dit rien de plus, elle la jugeait assez punie. Mais, à l'heure de la dictée, elle dicta ce qui suit à toute la classe :

« Soyez propres, mes petites filles; une enfant malpropre est laide et désagréable à regarder; de plus, elle est souvent mal portante, car, pour avoir une bonne santé, il faut se bien laver tous les jours.

« Prenez aussi, de bonne heure, l'habitude de ranger vos livres, vos jouets et tous les petits objets à votre usage; c'est ainsi que vous deviendrez plus tard des jeunes filles soigneuses et de bonnes ménagères. »

A la fin de la classe, Marie et Jeanne s'approchèrent de la maîtresse :

« Mademoiselle, dit Marie, je ne viendrai plus à l'école sans m'être débarbouillée.

— Moi, dit Jeanne, je rangerai bien mon pupitre et toutes mes affaires,... et je ne serai plus méchante, ajouta-t-elle en se jetant au cou de Marie qui l'embrassa sans rancune.

— Bien, mes enfants, reprit l'institutrice; j'espère que vous tiendrez votre promesse. »

RÉSUMÉ

Une bonne enfant doit être propre et soigneuse.
Elle doit se bien laver tous les jours, peigner ses cheveux, cirer ses chaussures, brosser ses vêtements.
Elle doit aussi ranger ses livres, ses jouets et tous les objets dont elle se sert.

CHAPITRE XV

Un jour de fête qui finit mal.

L'hiver était passé depuis plusieurs mois déjà; dans les premiers jours de juin, M. et Mme Roger furent invités par des amis à la fête d'un village voisin.

On partit de bonne heure, à pied, par un temps superbe.

C'était vraiment une charmante promenade. De chaque côté de la route, Jeanne et ses parents admiraient les seigles déjà hauts, les sainfoins aux fleurs roses, les trèfles à l'odeur pénétrante, et sur les talus, dans les fossés, les grandes marguerites, les scabieuses lilas, les coquelicots d'un rouge éclatant : la campagne tout entière semblait un immense jardin fleuri et parfumé. Aussi le chemin ne parut-il long à personne.

Quand la famille Roger arriva chez Mme Duval, un peu avant l'heure du dîner, elle y trouva nombreuse et joyeuse réunion : des parents, des amis, venus soit de la ville, soit des villages environnants, sans compter plusieurs petits garçons et petites filles que Jeanne connaissait déjà pour la plupart. On s'embrassa, on échangea des poignées de mains, puis on entra dans la salle à manger.

Une grande table était dressée au milieu de la pièce; à côté de cette table il y en avait une autre, plus petite, pour les enfants. Mme Duval les y fit asseoir et prit soin de leur apporter de tous les plats que l'on servait aux grandes personnes; d'ailleurs elle avait recommandé à sa fille, Antoinette, une grande demoiselle de neuf ans déjà, de veiller à ce que ses petits amis ne manquassent de rien.

Je ne sais si Antoinette pensait à ses amis; toujours est-il qu'elle ne s'oubliait pas elle-même, elle mangeait, mangeait, mangeait avec un prodigieux appétit.

Vers la fin du repas, comme les enfants achevaient une grosse brioche, on leur servit une magnifique tarte aux cerises.

« Quel dommage! s'écria Jeanne; si j'avais su, je n'aurais pas mangé de brioche : j'aime tant la tarte aux cerises!

— Manges-en tout de même, lui dit Antoinette.

— C'est que je n'ai plus faim....

— Bah! qu'est-ce que ça fait? je n'ai plus faim non plus, moi; mais de la tarte aux cerises, ça se mange sans faim. » Et Antoinette prit une grande part de tarte, qu'elle avala sans en laisser une miette.

On se leva enfin de table, sans quoi certainement la gourmande y serait encore. C'était le moment d'aller voir la fête. Parents et enfants se mirent gaiement en route ; en suivant la grande rue du village, ils arrivèrent bientôt sur la place.

Quel bruit, quelle animation dans ce petit coin habituellement si tranquille ! Sous les marronniers se dressaient les boutiques des

marchands de jouets, de gaufres, de macarons ; les chevaux de bois tournaient au son de l'orgue de Barbarie. Non loin de là, le bal était installé sous une tente. La foule était déjà nombreuse, et, par-dessus le bruit des conversations et des rires, on entendait résonner la clarinette et la grosse caisse.

Les enfants, tout joyeux, couraient en avant. Je n'ai pas besoin de vous dire que, ce jour-là, tous avaient reçu de leurs parents quelques sous qu'on leur avait permis de dépenser à leur fantaisie. Ils en eurent bien vite trouvé l'emploi; ils montèrent sur les chevaux de bois; ils achetèrent des trompettes, des mirlitons, des billes, de la vaisselle de poupée....

Tout près de la boutique aux jouets s'élevait celle de la marchande de gâteaux.

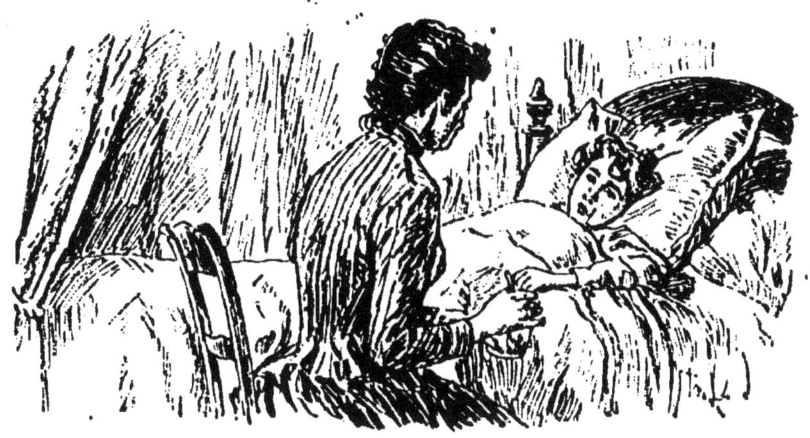

« Qu'est-ce que vous achetez? demanda Antoinette à ses amis, moi j'ai encore deux sous : je prends un pain d'épice et un sucre d'orge.

— Mais nous n'achetons rien, répondirent les enfants; nous avons mangé bien assez de gâteaux à dîner. »

Comme Antoinette finissait de manger son pain d'épice, on arriva à l'autre extrémité de la place; une pauvre femme se tenait là, au bord de la route; elle avait sur les bras un tout petit enfant enveloppé dans des langes déchirés; auprès d'elle, une petite fille de cinq à six ans, nu-pieds et en guenilles, tendait la main.

« Pauvre femme! s'écrièrent les enfants, il faut lui donner quelque chose.

— Heureusement que j'ai encore un sou! dit Jeanne.

— Et moi, deux! » ajouta Louis.

Tous s'empressèrent de porter à la mendiante leur petite aumône.

Seule Antoinette ne pouvait rien donner : pauvre Antoinette! comme elle regretta alors ses deux sous si inutilement dépensés!

Mais sa gourmandise allait lui jouer encore un autre tour. Le pain d'épice et le sucre d'orge étaient venus s'ajouter fort mal à propos à un dîner déjà trop copieux; l'estomac d'Antoinette, malgré sa complaisance, se révolta enfin.

« Maman, dit tout à coup la petite fille, maman, je suis malade!

— Qu'as-tu, mon enfant? où as-tu mal? demanda la mère tout inquiète.

— J'ai bien mal au cœur, j'ai bien mal à l'estomac », reprit la fillette en pleurant.

C'était une violente indigestion.

Mme Duval ramena bien vite Antoinette à la maison et la fit mettre au lit.

Pendant ce temps, les autres enfants continuèrent leur promenade. Ils ne rentrèrent que pour le souper, qui fut aussi gai que l'avait été le dîner. De sa chambre, Antoinette entendait le bruit des fourchettes et les rires joyeux des convives; puis elle n'entendit plus rien, car, après le repas, tout le monde retourna à la fête pour voir les illuminations et le feu d'artifice.

La place était bien plus belle encore que pendant le jour; les lanternes de toutes couleurs, suspendues aux branches des arbres, faisaient un effet charmant.

« Pauvre Antoinette! disait Jeanne; quel dommage! comme elle se serait amusée!

— C'est vrai, mon enfant, répondit Mme Roger; Antoinette doit bien regretter d'avoir été gourmande : elle s'est privée du plaisir de faire l'aumône, elle s'est rendue malade; de plus, elle a causé de l'inquiétude et de la fatigue à sa mère, qui est obligée de rester auprès d'elle pour la soigner. »

C'était justement là ce que se disait Antoinette, dans son lit où elle ne dormait pas encore. Elle se promettait bien de se corriger de sa gourmandise, et je crois qu'elle essayera sérieusement de se tenir parole.

RÉSUMÉ

Trop manger, manger avec avidité, c'est être gourmande.

Une enfant sobre ne continue pas à manger quand elle n'a plus faim, lors même qu'on lui offrirait des gâteaux et des friandises.

De plus, elle mange proprement et se tient bien à table.

CHAPITRE XVI

Soyons modestes.

Un soir, Jeanne, contre son habitude, rentra de l'école les yeux rouges et l'air maussade. « Qu'as-tu donc, Jeanne, lui demanda sa mère, que t'est-il arrivé?

— Mademoiselle m'a grondée, répondit la petite fille en pleurant; elle dit que je suis une étourdie et une bavarde;... mais j'aime bien mieux être étourdie que d'être paresseuse comme Marguerite, ou bien rapporteuse comme Félicie, ou bien méchante comme....

— Assez, ma fille, interrompit Mme Roger un peu sévèrement; tu vois très bien les défauts de tes compagnes, mais toi, crois-tu donc n'en point avoir?

— Oh! je n'en ai pas beaucoup, reprit Jeanne, je suis seulement bavarde et étourdie.

— Vraiment? veux-tu que nous cherchions ensemble si nous n'en trouverons pas d'autres? »

Jeanne baissa la tête sans répondre : évidemment la proposition n'était pas de son goût.

Mais la maman reprit :

« Hier, par exemple, pendant que j'étais occupée à la cuisine, qui est allé fureter dans ma table à ouvrage où j'ai trouvé tout sens dessus dessous? qui en a tiré mes ciseaux et les a ensuite laissés traîner sur une chaise, à la portée de petit Paul, qui aurait pu les prendre et se blesser?

— C'est moi, maman, répondit Jeanne tout bas.

— Tu savais pourtant bien que je te l'avais expressément défendu?

— Oui, maman.

— Ainsi tu as désobéi, et, comme cela t'arrive bien souvent, nous pouvons dire que tu es désobéissante. Voilà donc un défaut que tu oubliais....

« Ce matin encore, en entrant dans ta chambre après ton départ pour l'école, j'ai trouvé sur la table des bas et un mouchoir sales; ta camisole était par terre, et la brosse à souliers se prélassait sur ton lit, à côté de ta poupée et de ton livre d'images.

« Comme tu ne ranges jamais rien lorsque je ne suis pas là pour t'y obliger, nous pouvons encore ajouter, je crois, que tu es négligente et sans soin. »

Jeanne, toute confuse, restait là sans rien dire, et, en effet, il n'y avait rien à dire.

Mme Roger continua :

« Je connais une petite fille à qui sa maman avait mis une robe neuve dimanche dernier. Cette petite fille a passé une heure à se regarder dans la glace; elle s'admirait, se faisait des révérences sans se douter que sa mère la regardait de la chambre voisine. Il me semble que cette enfant-là est une petite coquette; qu'en penses-tu?,

— Maman, ne cherche plus, je t'en prie, s'écria la pauvre Jeanne; je vois bien que j'ai beaucoup de défauts.

— Oui, tu en as beaucoup, ma fille, et je ne veux pas que tu en aies un plus vilain encore que tous ceux-là. Se croire meilleur qu'on ne l'est, c'est avoir de l'orgueil ; je serais bien désolée si ma fille était une petite orgueilleuse.

— Je ne serai pas orgueilleuse, ma petite mère; je serai..., comment faut-il dire?

— Tu seras modeste, ma chérie; tu ne te croiras pas meilleure que tes compagnes; tu te rappelleras que tu as tes défauts, et cela t'empêchera d'être sévère pour ceux des autres.

« Tu te diras aussi qu'une bonne enfant voit les qualités de ses petites amies et ne s'occupe pas de leurs défauts. »

RÉSUMÉ

Nous devons être modestes. Une enfant modeste ne se croit pas meilleure qu'elle ne l'est; elle voit ses défauts et elle s'efforce de s'en corriger.

CHAPITRE XVII

Mensonge et sincérité.

Caroline était menteuse. Arrivait-elle en retard à l'école, ne savait-elle pas sa leçon,

elle avait toujours quelque bonne excuse à inventer :

« J'ai été malade.... Maman a eu besoin de moi... J'ai gardé ma petite sœur.... J'ai fait des commissions.... »

Lorsqu'elle rentrait le soir à la maison :

« As-tu gagné des bons points? demandait sa mère.

— La maîtresse n'en a donné à personne aujourd'hui, répondait la petite menteuse.

— Ah! c'est bien étonnant.... Allons, apprends vite ta leçon.

— Nous n'en avons pas; Mademoiselle n'a pas eu le temps de nous dire ce qu'il fallait apprendre. »

Vous pensez bien que ni sa maman ni sa maîtresse ne pouvaient croire un mot de ce qu'elle disait.

A la récréation, elle débitait à ses petites amies une nouvelle collection de mensonges.

« Si vous saviez, leur disait-elle, quelle belle poupée mon oncle m'a donnée au jour de l'an! elle est aussi grande que ma petite sœur! elle n'a que des robes de soie, roses, bleues, de toutes les couleurs, enfin.... Et ma cousine m'a fait cadeau d'un ballon qui est gros deux fois comme ma tête.

— Par exemple, disait Jeanne, tu ne nous feras jamais croire qu'on t'a donné des joujoux comme ceux-là!

— Mais si, c'est très vrai.

— Eh bien, apporte-les pour nous les faire voir.

— Maman ne veut pas, elle a peur qu'on ne me les casse.

— Oh! la bonne invention! s'écriait alors Marguerite; je suis allée jouer chez toi jeudi; tu ne m'en as pas parlé de cette superbe poupée et de cet énorme ballon; si tu les avais eus, tu me les aurais bien montrés. »

Et toutes les petites filles riaient aux dépens de la menteuse, qui ne se corrigeait pas pour cela.

On était à la fin du mois de juillet, presque à la veille de la distribution des prix. La maîtresse avait déjà dressé la liste des élèves qui devaient être récompensées, et naturellement la grande préoccupation des fillettes était de savoir si leur nom figurait sur cette liste. Mais, malgré leur impatience, il leur fallait se résigner à attendre; elles savaient bien qu'on ne leur dirait rien à l'avance.

Ce jour-là, vers la fin de la récréation, les petites élèves virent la maîtresse entrer dans la classe et en sortir presque aussitôt, l'air mécontent et le visage sévère :

« Mes enfants, dit-elle, une d'entre vous a commis une grave indiscrétion; elle a pris ma clef dans mon bureau et a ouvert mon armoire pour y chercher la liste des récompenses. »

Un « oh ! » d'indignation accueillit ces paroles.

La maîtresse continua :

« L'indiscrète a dû être bien désappointée :

j'avais serré ma liste ailleurs; de plus, elle n'a pas pu me cacher sa faute, car, dans sa précipitation, elle a fait tomber une boîte de craie et une bouteille d'encre; la craie s'est brisée en mille morceaux, l'encre s'est répandue sur le plancher.... Allons, que celle qui a fait cela ait le courage de l'avouer; vous savez que je suis toujours indulgente pour les enfants sincères. »

Pas de réponse; les fillettes se regardaient d'un air consterné, mais personne ne disait mot.

« Je n'aurais pas voulu désigner moi-même la coupable, reprit l'institutrice, mais j'y suis bien obligée, puisqu'elle ne parle pas.... Voyons, deux élèves seulement sont entrées dans la classe pendant la récréation : Jeanne, d'abord, et Caroline un peu plus tard. Jeanne, est-ce vous qui avez ouvert l'armoire ?

— Non, mademoiselle, répondit Jeanne.

— Bien, mon enfant; je vous crois, car vous avez l'habitude de dire la vérité. Alors c'est vous, Caroline?

— Non, mademoiselle, ce n'est pas moi.

— Pourquoi mentir? il est évident que c'est vous.

— Ce n'est pas moi, mademoiselle, ce n'est pas moi, je vous l'assure, répétait Caroline.

— Ma pauvre enfant, il m'est impossible de vous croire : vous cherchez sans cesse à me tromper; tous les jours vous inventez de nouveaux mensonges, tout en affirmant que vous dites vrai. En niant ainsi, vous aggravez encore votre faute, et je vais être forcée de vous punir sévèrement : demain, jeudi, vous ne viendrez pas à la promenade avec vos compagnes. »

Caroline éclata en sanglots : cette promenade était impatiemment attendue depuis plus d'un mois.

Tout à coup une petite fille s'approcha, et d'une voix ferme quoique très émue :

« Mademoiselle, dit-elle, ne punissez pas Caroline, c'est moi qui ai ouvert l'armoire.

— Vous, Marie, mais quand donc?

— Pendant que vous vous occupiez de la petite Louise qui saignait du nez.... Je suis entrée dans la classe sans que vous m'ayez vue », répondit la fillette en pleurant.

La maîtresse l'attira auprès d'elle et l'embrassa avec tendresse :

« Marie, dit-elle, vous avez réparé votre faute par votre sincérité courageuse, je vous pardonne. Quant à vous, ma pauvre Caroline, vous avez failli être punie sans l'avoir mérité; voyez à quoi expose l'habitude du mensonge. Rappelez-vous bien qu'on ne croit pas un menteur, même quand il dit la vérité. »

RÉSUMÉ

Ne mentons jamais; mentir pour se vanter est ridicule; mentir pour s'excuser est lâche. Quand nous avons commis une faute, ayons le courage de l'avouer.

On ne croit pas un menteur, même quand il dit la vérité, tandis qu'on a confiance dans l'enfant sincère qui n'a jamais cherché à tromper personne.

CHAPITRE XVIII

Le cheval emporté.

Vous n'avez certainement pas oublié Juliette, la charmante enfant qui avait un jour pris soin de Jeanne avec tant de douceur et de complaisance. Elle avait offert d'aller chercher sa petite compagne tous les matins et de la reconduire tous les soirs. Mme Roger, qui, d'ailleurs, avait en ce moment beaucoup d'ouvrage à faire pour un magasin de lingerie de la ville, avait accepté sans crainte, car Juliette était vraiment très raisonnable.

Un soir, les deux fillettes, revenant de l'école, aperçurent un rassemblement à l'entrée de la rue qu'elles devaient prendre pour rentrer chez elles. Un cheval, attelé à une voiture qui pourtant ne paraissait pas bien lourde, refusait absolument d'avancer : quelque chose sans doute l'effrayait; et le cocher, au lieu de lui parler doucement, d'essayer de le calmer, criait, jurait, frappait de toutes ses forces la pauvre bête avec le manche de son fouet.

« Oh! le méchant, le vilain homme! s'écria Jeanne.

— Il est en colère, reprit Juliette, il ne sait plus ce qu'il fait,... allons-nous-en vite; cela fait mal de voir ainsi battre ce pauvre cheval. »

Les enfants, se frayant un passage à travers la foule, continuèrent leur chemin. Tout à coup elles entendirent de grands cris derrière elles et le bruit d'une voiture qui arrivait au galop : le cheval, rendu furieux par les coups et les cris, s'était emporté; il arrivait droit sur les deux pauvres petites.

Où se réfugier? Pas une maison : d'un côté, de grands murs de jardins; de l'autre, des pavés entassés, car une partie de la rue était en réparation.

Il n'y avait pas une minute à perdre :

Juliette lâcha son panier et ses livres, saisit sa petite compagne paralysée par la frayeur, et s'élança avec elle sur le tas de pavés, grimpant avec la force que lui donnait le sentiment du danger. Il était temps : le cheval passa tout près d'elles comme un tourbillon et alla s'abattre un peu plus loin avec la voiture à demi brisée.

Les deux enfants, encore toutes tremblantes, se hâtèrent de regagner la maison de Mme Roger.

Pauvre mère, comme elle serra dans ses

bras sa petite Jeanne et aussi la brave enfant à qui elle devait la vie de sa fille ! Elle voulut reconduire Juliette chez ses parents pour leur raconter elle-même ce qui s'était passé ; et les deux mamans s'embrassèrent, tout émues du danger qu'avaient couru leurs chères petites, tout heureuses aussi de les voir là saines et sauves.

« Quelle bonne idée Juliette a eue de grimper sur ces pavés ! disait Jeanne en reprenant avec Mme Roger le chemin du logis ; moi, j'avais tellement peur que je ne pouvais plus ni avancer ni reculer.

— Juliette a du courage et du sang-froid, répondit la maman ; elle ne perd pas la tête au moment du danger et c'est là le vrai moyen d'en sortir, car, lorsqu'on a peur, on ne sait plus ce que l'on fait.

— Et ce méchant cocher, comme il battait son pauvre cheval ! Tu ne sais pas, maman, comme nous nous en allions, nous avons vu un gardien de la paix qui l'emmenait ; il lui disait : « Vous allez me suivre chez le com-« missaire de police ». Qu'est-ce que le commissaire va lui faire, à ce vilain homme?

— Il le conduira chez le juge de paix, et le

juge le condamnera à payer une amende ou peut-être même à aller en prison pendant plusieurs jours.

— Ce sera joliment bien fait, n'est-ce pas, maman?

— Certainement, ma fille; il est cruel de maltraiter les animaux, surtout les animaux domestiques qui nous rendent tant de services.

— Oui, on nous l'a dit à l'école; on nous a dit aussi qu'il est très mal de dénicher les petits oiseaux, comme le font quelquefois de méchants garçons, car les oiseaux mangent les insectes qui dévoreraient nos récoltes.

— C'est vrai, et tu as bien retenu la leçon de la maîtresse; mais, lors même que les animaux ne nous serviraient à rien, nous serions très coupables de les faire souffrir. Et, ma fille, il n'y a pas que les cochers brutaux et les petits dénicheurs qui fassent souffrir les animaux : ainsi, jeudi dernier, quand tu avais habillé le chat avec une brassière et un jupon de ton petit frère....

— Oh! maman, il était si drôle,... et puis ce n'était pas pour lui faire du mal, c'était pour jouer.

— Mais cela ne l'amusait pas, lui; les cordons de la brassière l'étranglaient, ses pattes s'embarrassaient dans les plis du jupon;... crois-tu qu'il était à son aise? Du reste, il t'a bien fait voir que le jeu n'était pas de son goût. »

Jeanne regarda sa main sur laquelle se voyait une grande égratignure....

« Je ne voulais pas le tourmenter, dit-elle; maintenant que je sais que cela lui fait mal, je ne recommencerai plus.

— Et tu auras bien raison, ma petite fille. »

RÉSUMÉ

Lorsqu'un danger nous menace, il ne faut pas perdre la tête et rester là, immobiles, sans savoir à quoi nous décider; il faut faire bravement tous nos efforts pour sortir d'embarras; c'est ce qu'on appelle avoir du courage et de la présence d'esprit.

Ne maltraitons jamais les animaux; ne les tourmentons pas non plus sous prétexte de jouer avec eux; traitons-les avec douceur et avec bonté.

CHAPITRE XIX

Les dix sous de la mère Marianne.

Le jour de la distribution des prix, si impatiemment attendu, arriva enfin, et Jeanne, tout heureuse, rapporta à ses parents le premier prix de lecture.

L'école était fermée pour six semaines. Six semaines de vacances, comment employer ce temps-là? à jouer du matin au soir? ç'aurait été le moyen de s'ennuyer bien vite; aussi Jeanne, qui n'était pas une paresseuse, partagea ses journées entre le travail et le plaisir.

Le matin, elle aidait sa maman au ménage, elle apprenait à coudre, elle lisait un peu; l'après-midi, Mme Róger l'emmenait souvent, avec son petit frère, faire une bonne promenade à la campagne. Il trottait tout seul, maintenant, le petit Paul, et Jeanne était bien fière de le faire marcher en lui donnant la main, comme une petite maman.

Un après-midi, comme la mère et les enfants revenaient à la maison, Jeanne aperçut à terre un objet brillant : c'était une pièce de dix sous; elle courut la ramasser et l'apporta à sa mère.

« Quel bonheur! maman, s'écria-t-elle, je vais pouvoir acheter une belle corde à sauter neuve, comme celle de Charlotte!

— Cet argent n'est pas à toi, ma fille, dit simplement Mme Roger.

— Pourtant, puisque je l'ai trouvé....

— Tu l'as trouvé, mon enfant, mais il y a quelqu'un qui l'a perdu; c'est à cette personne-là qu'il appartient.... »

Et comme Jeanne ne paraissait pas encore bien persuadée, la maman ajouta :

« Suppose que tu perdes un objet auquel tu tiens beaucoup, ton beau livre de prix, par exemple....

— Oh! maman, j'aurais du chagrin, je pleurerais.

— Eh bien, si l'on venait te dire qu'une de tes compagnes l'a trouvé....

— J'irais le lui demander tout de suite.

— Et si elle te répondait : « Il est à moi « puisque je l'ai trouvé, je le garde ».

— Ah ! par exemple, ce serait trop fort ; je lui dirais : « Tu sais bien qu'il n'est pas à toi, « tu es une voleuse ! »

— Tu le vois donc bien, ma fille, les objets que nous trouvons ne nous appartiennent pas : garder ce qu'on trouve, c'est voler. D'ailleurs, rappelle-toi bien que nous ne devons jamais faire aux autres ce que nous ne voudrions pas qu'ils nous fissent à nous-mêmes.

— Alors, maman, qu'allons-nous faire de cette pièce ?

— Nous allons tâcher de retrouver la personne qui l'a perdue ; elle n'est peut-être pas loin. »

Tout en causant, la mère et les enfants avaient tourné le coin de la rue ; ils aperçurent alors une femme déjà âgée, pauvrement vêtue quoique très proprement, qui, le dos courbé, regardait avec attention entre les pavés.

« Vous avez perdu quelque chose ? demanda Mme Roger en s'approchant.

— Hélas! madame, j'ai perdu une pièce de dix sous; si je ne la retrouve pas, je me coucherai ce soir sans souper, car c'est tout ce qui me reste.

— La voilà, la voilà! s'écria Jeanne, c'est moi qui l'ai trouvée!

— Oh! ma bonne petite, comme je vous remercie, dit la pauvre femme en prenant la pièce.

— Mais, demanda Mme Roger, c'est là tout ce qui vous reste, dites-vous?

— Oui, madame, voici deux mois que je suis sans ouvrage; j'étais femme de ménage dans une bonne maison où je gagnais bien ma vie; mais je suis tombée malade; il m'a fallu aller à l'hôpital, et pendant ce temps-là mes maîtres m'ont remplacée.

— Comment vous nommez-vous donc et où demeurez-vous?

— Je m'appelle Marianne Dutillet, et je demeure là-bas, dans la maison qui fait le coin de cette petite rue; mais vous n'avez qu'à demander la mère Marianne, tout le monde me connaît bien.

— Eh bien, mère Marianne, la maîtresse du magasin pour lequel je travaille cherche quelqu'un pour faire le ménage et laver; voulez-vous que je vous conduise chez elle?

— Oh! bien volontiers, madame, mais cela va vous déranger....

— Pas du tout, c'est sur mon chemin. »

Mme Roger présenta donc la mère Marianne à Mme Durand, la maîtresse du magasin, qui l'accepta comme femme de ménage.

Puis on rentra bien vite à la maison pour préparer le dîner.

« Maman, disait Jeanne, je suis bien contente d'avoir rendu la pièce, bien plus contente que si j'avais acheté une corde neuve.

— Et tu comprends maintenant qu'il eût été mal de la garder pour toi?

— Oh oui! puisque c'était tout ce qui restait à la pauvre femme.

— Mais crois-tu donc, ma chérie, que, si la pièce avait appartenu à une personne riche, il eût été permis de la garder?

— Il me semble que ce n'aurait pas été aussi mal.

— Eh bien, tu te trompes, mon enfant; jamais, entends-tu bien, nous ne devons nous approprier ce qui ne nous appartient pas. Que la personne à laquelle on prend son bien soit riche ou qu'elle soit pauvre, qu'on lui prenne une grosse somme ou seulement quelques sous, prendre le bien d'autrui, c'est toujours voler.

— L'autre jour, maman, j'ai vu des petits garçons qui cueillaient des prunes dans le jardin du père Vincent, par-dessus la haie : c'étaient de petits voleurs, n'est-ce pas?

— Oui, certainement, ma fille. Et rappelle-toi bien encore ceci : non seulement nous ne devons pas prendre le bien d'autrui, mais nous ne devons pas non plus l'endommager, le gâter, le détruire. C'est pour cela que, tout à l'heure, je t'ai empêchée d'entrer dans un champ d'avoine pour y cueillir des coquelicots : tu aurais foulé et écrasé les épis ; c'est encore pour cela que je t'ai grondée hier quand je t'ai vue feuilleter sans précaution le joli livre que t'a prêté Juliette.

« Pour être vraiment honnête, il faut avoir encore plus de soin, s'il est possible, de ce qui appartient aux autres que de ce qui nous appartient à nous-mêmes. »

RÉSUMÉ

Nous ne devons jamais prendre ce qui ne nous appartient pas, quand ce ne serait qu'une pomme ou une poire dans un jardin. Prendre le bien d'autrui, c'est voler.

Nous ne devons pas non plus garder pour nous ce que nous trouvons : garder un objet trouvé, c'est voler.

Lorsque nous trouvons un objet, nous devons le rendre à la personne qui l'a perdu ; si nous ne connaissons pas cette personne, nous remettrons l'objet, sans tarder, soit à notre maîtresse, soit à nos parents qui le porteront chez le commissaire de police ou bien à la mairie.

Il est aussi très mal d'endommager, de détruire ce qui ne nous appartient pas. Nous devons avoir

grand soin des objets qu'on nous prête et les rendre le plus tôt possible.

CHAPITRE XX

Aumône et charité.

Le lendemain, il fut impossible de sortir : la pluie tombait depuis le matin.

« Maman, dit Jeanne, veux-tu que je te lise une histoire pendant que tu travailleras?

— Oui, ma chérie, avec plaisir. »

Et Mme Roger se mit à coudre tandis que Jeanne lui lisait tout haut ce qui suit :

AUMÔNE ET CHARITÉ

Le père Mathieu est un vieillard infirme, tout courbé par l'âge; il marche avec peine en s'appuyant sur un gros bâton; le pauvre homme a beaucoup travaillé quand il était jeune, mais il n'en a plus la force, maintenant, et il est réduit à mendier pour vivre.

Un matin, il entra, pour demander l'aumône, dans la cour d'une grande maison. — Le père Mathieu demeure à Paris. — Le temps était doux ce jour-là, beaucoup de fenêtres étaient ouvertes; le vieillard, espérant faire une bonne recette, s'avança dans la cour, et, d'une voix toute cassée, commença une chanson. Cela faisait peine d'entendre ainsi chanter ce pauvre vieux qui paraissait si triste; son grand âge, son air honnête inspiraient la pitié et l'intérêt; aussi, d'un grand nombre de fenêtres, des sous tombèrent dans la cour autour du père Mathieu.

La petite Eugénie, la fille de la concierge, regardait cela tout en balayant la cour; sa maman, obligée de s'absenter pour aller reporter son ouvrage, lui avait laissé le soin de garder la loge, car on peut se fier à Eugénie bien qu'elle n'ait que huit ans : c'est une enfant fort raisonnable.

« Pauvre homme! se disait la fillette, je veux aussi lui donner quelque chose. »

Et vite elle courut à la maison pour prendre un sou dans sa petite bourse....

« Ah, mon Dieu! s'écria-t-elle tout à coup, c'est vrai, j'ai tout dépensé la semaine dernière, pour acheter un bouquet pour la fête de papa; je n'ai plus rien! Comment faire? »

Et la bonne petite fille se désolait.

Pendant ce temps le père Mathieu avait fini sa chanson; il se disposait à rassembler les sous qu'on lui avait jetés; mais ils s'étaient éparpillés en tombant, ils avaient roulé dans tous les coins de la cour. Le pauvre infirme, se courbant péniblement, commençait à les ramasser de ses vieilles mains tremblantes, lorsque Eugénie s'écria :

« Attendez, monsieur, ne vous baissez pas, je vais vous apporter votre argent. »

Aussitôt elle courut de-ci, de-là, cherchant partout bien soigneusement, et en moins de cinq minutes elle apporta au pauvre homme sa petite récolte.

« Merci, mon enfant, lui dit-il, vous avez un bon petit cœur. »

Et, s'appuyant sur son bâton, il s'éloigna lentement.

Eugénie se remit tout heureuse à son ouvrage. Sans avoir rien donné au vieillard, elle lui avait fait du bien, puisqu'elle lui avait épargné une fatigue et une peine ; elle n'avait pu faire l'aumône, elle avait fait la charité.

CHAPITRE XXI

Aumône et charité (FIN).

« Eh bien, moi, maman, dit Jeanne quand elle eut fini sa lecture, je pense comme le père Mathieu que cette petite fille est très gentille et qu'elle a bon cœur.... Mais ce n'est donc pas la même chose, faire l'aumône et faire la charité?

— Non, pas tout à fait ; on peut faire la charité sans donner un centime, comme la petite fille de l'histoire : toutes les fois qu'on s'impose une privation, une peine, une fatigue, pour rendre service à quelqu'un, on fait un acte de charité; mais, pour être vraiment charitable, il faut être bon; il faut rendre service de bon cœur et de bonne grâce.

— Oh! je sais bien qui fait comme cela : c'est toi, ma petite mère. Cet hiver, quand notre pauvre voisine était malade, tu allais la soigner, tu faisais son ménage. Un jour, elle m'a dit : « Petite Jeanne, quand vous « serez grande, tâchez de ressembler à votre

« maman qui est si aimable et si bonne ».

— Ce que j'ai fait là, répondit Mme Roger, je devais le faire, ma fille ; j'aurais été coupable si je n'étais pas venue en aide à cette pauvre femme lorsque je le pouvais.... »

Et elle ajouta : « Tu vois qu'il y a bien des manières de faire la charité ; l'aumône n'en est qu'une, et ce n'est pas toujours la meilleure. Ainsi, par exemple, donner un sou à un pauvre, c'est bien ; mais, si cet homme peut travailler, lui trouver de l'ouvrage vaudrait encore mieux.

— Comme tu as fait hier pour la mère Marianne, n'est-ce pas, maman?

— Oui, mais je n'ai pas eu grand mérite à accomplir cet acte de charité, car il ne m'a coûté aucune peine.

— Tu as beau dire, maman, s'écria Jeanne en se jetant au cou de sa mère, je vois bien que la voisine avait raison, et que tu es très bonne; je tâcherai d'être bonne comme toi, quand je serai grande. »

La maman sourit et embrassa sa fillette :

« Les enfants aussi, dit-elle, peuvent être bons et faire la charité : ainsi, quand Juliette s'est privée de la moitié de son déjeuner pour partager avec toi, elle s'est montrée charitable.

— L'autre jour, maman, Louise avait fait un grand accroc à sa robe et elle avait bien peur d'être grondée; Marie a passé sa récréation à l'aider à faire une reprise : c'est encore de la charité, n'est-ce pas, cela?

— Oui, certainement, et toi-même, ma mignonne, tu as été charitable hier quand tu as offert à notre petit voisin infirme le biscuit que t'avait donné Mme Durand.

— Oh! maman, cela m'a fait bien plus de plaisir que si je l'avais mangé moi-même : ce pauvre petit Jules avait l'air de le trouver si bon!

— Eh bien, ma fille, ce plaisir que tu as éprouvé, c'est la récompense de la bonté; il n'y a pas au monde de plus grande joie que celle de faire du bien aux autres. »

La rentrée des classes eut lieu quelques jours plus tard. Jeanne retourna à l'école, où elle s'efforça d'étudier avec plus d'application encore que l'année précédente.

En même temps, à la maison, elle travaillait à se corriger de ses défauts, à devenir obéissante et soigneuse. Aussi ne serez-vous pas étonnées, mes enfants, quand je vous dirai que Jeanne devint plus tard une bonne élève et une excellente petite fille, qui fit la joie de sa maîtresse et de ses parents.

RÉSUMÉ

Il ne suffit pas de ne faire de mal ni de tort à personne, il faut encore être bonnes et faire du bien aux autres toutes les fois que nous le pouvons.

Nous ne devons pas craindre de nous priver de quelque chose, de nous imposer une peine lorsqu'il s'agit de rendre un service. Nous en serons d'ailleurs bien récompensées par la joie que nous éprouverons.

TABLE DES MATIÈRES

PREMIÈRE PARTIE. — LA FAMILLE

DEUXIÈME PARTIE. — L'ÉCOLE

TROISIÈME PARTIE. — LA PATRIE

QUATRIÈME PARTIE. — DEVOIRS ENVERS SOI-MÊME ET ENVERS LES AUTRES

54 530. — Imprimerie Lahure, rue de Fleurus, 9, à Paris.

Coulommiers. — Imprimerie Paul BRODARD. 2-1905.

www.ingramcontent.com/pod-product-compliance
Ingram Content Group UK Ltd.
Pitfield, Milton Keynes, MK11 3LW, UK
UKHW021039230726
13926UKWH00004B/1565